MARTIN BJERGEGAARD é empreendedor em série e autor best-seller internacional. É cofundador das iniciativas Rainmaking, Startupbootcamp, Frokost.dk e BetterNow.org, e mais recentemente do Rainmaking Loft. Seu best-seller *Winning Without Losing* [Ganhando sem perder] foi traduzido para quinze idiomas e ganhou o renomado prêmio Management Book of the Year, concedido pelo Chartered Management Institute e pela British Library. Martin também é autor de *The Great Idea* [A grande ideia], um conto de fadas sobre empreendedorismo para crianças.

COSMINA POPA é uma empreendedora firmemente calcada nos setores de tecnologia e sustentabilidade. Em 2013, ela e uma equipe sediada em Washington, DC, fundaram o Conscious Venture Lab, uma aceleradora de start-ups com foco na formação de empreendedores com consciência social. É graduada em ciências humanas pelo St. John's College, em Maryland, Estados Unidos, com mestrado em meio ambiente e desenvolvimento internacional pelo King's College de Londres.

THE SCHOOL OF LIFE se dedica a explorar as grandes questões da vida: Como encontrar um trabalho recompensador? É possível compreender nosso passado? Por que relacionamentos são tão complicados? Se pudéssemos mudar o mundo, deveríamos fazê-lo? A organização, que tem sede em Londres e campi espalhados pelo mundo, oferece aulas, terapias, livros e outras ferramentas para ajudar as pessoas a ter uma vida mais aprazível, guiando-as em meio a uma variedade de ideias das ciências humanas — da filosofia à literatura, da psicologia às artes visuais —, estimulando, provocando, revigorando e consolando.

Como ser um líder
Martin Bjergegaard
e Cosmina Popa

Tradução: Bruno Fiuza

Copyright © 2016 by The School of Life
Publicado primeiramente em 2016 por Macmillan, um selo da Pan Macmillan, uma divisão da Macmillan Publishers International Limited.

Grafia atualizada segundo o Acordo Ortográfico da Língua Portuguesa de 1990, que entrou em vigor no Brasil em 2009.

Título original
How to be a Leader

Capa
Marcia Mihotich

Preparação
Lígia Azevedo

Revisão
Valquíria Della Pozza e Clara Diament

Dados Internacionais de Catalogação na Publicação (CIP)
(Câmara Brasileira do Livro, SP, Brasil)

Bjergegaard, Martin
  Como ser um líder / Martin Bjergegaard e Cosmina Popa ; tradução Bruno Fiuza. — 1ª ed. — Rio de Janeiro : Objetiva, 2021.

  Título original: How to be a Leader
  ISBN 978-85-470-0120-9

  1. Liderança 2. Negócios I. Popa, Cosmina. II. Título.

20-52611   CDD-658.4092

Índice para catálogo sistemático:
1. Liderança : Administração   658.4092

Cibele Maria Dias – Bibliotecária – CRB-8/9427

[2021]
Todos os direitos desta edição reservados à
EDITORA SCHWARCZ S.A.
Praça Floriano, 19, sala, 3001 – Cinelândia
20031-050 – Rio de Janeiro – RJ
Telefone: (21) 3993-7510
www.companhiadasletras.com.br
www.blogdacompanhia.com.br
facebook.com/editoraobjetiva
instagram.com/editora_objetiva
twitter.com/edobjetiva

Sumário

Introdução   7

I. VOCÊ

1. Existe algo com que você se importa de verdade?   29
2. Pense no corpo   41
3. Desperte sua curiosidade   53
4. Incorpore a "ecosofia" à sua liderança   63

II. VOCÊ + OUTROS

5. Domine a arte da comunicação   75
6. Defina suas margens   87
7. Tomar decisões é um esporte coletivo   97
8. Aumente seu apetite por altruísmo   105

III. SOMBRA

9. Liderança em meio à crise   117
10. Seja bem-vinda, incerteza   129
11. Duplique sua taxa de fracassos   139
12. Sobre o ego e a força do glamour   149

Posfácio   161

Dever de casa   163

Notas   171

Agradecimentos 177

Créditos das imagens 179

Introdução

1. Espectadores × líderes

O assassinato de Kitty Genovese, em 13 de março de 1964, influenciou a psicologia, a cultura e a consciência ocidentais mais do que qualquer um imaginaria. Além de, à época, aparecer nas manchetes de todos os jornais dos Estados Unidos, deu início a um campo de pesquisa científico totalmente novo nas décadas seguintes, foi estudado em dezenas de best-sellers (incluindo dois publicados em 2014) e serviu de inspiração a inumeráveis músicas, filmes e peças de teatro. O crime também acelerou a implantação do serviço de emergência 911, que se tornou realidade por todo o país em 1968.

O que havia de tão singular nesse crime? Com 636 assassinatos registrados na cidade de Nova York durante o ano de 1964, a perda de mais uma vida era triste, mas dificilmente motivo de comoção pública. O assassinato foi brutal, e a vítima era uma mulher jovem e bonita, mas isso estava longe de ser exceção. Kitty não era famosa e não tinha amigos em posição de poder. Portanto, não é surpresa que durante os primeiros dez dias o incidente não tenha recebido muita atenção. Mas, então, algo aconteceu.

A. M. Rosenthal era relativamente novo no cargo de editor de Cidade do *New York Times*. Ele era bastante ambicioso e de vez em quando se encontrava para almoçar com o comissário de polícia de Nova York, Michael Murphy, para sondar crimes interessantes que pudessem virar notícia. Durante um desses almoços, Murphy confessou quão surpreso estava que uma jovem de 28 anos chamada Kitty Genovese, que era gerente de um bar, tivesse sido perseguida, esfaqueada, estuprada e por fim morta no meio da rua sem que ninguém se preocupasse em chamar a polícia.

Não que Kitty não tivesse gritado. Ela gritara. E muito. Durante a investigação, os policiais haviam interrogado 28 testemunhas que tinham visto ou escutado Kitty em algum momento durante a quase meia hora que levara para que Winston Moseley, de 29 anos, cometesse tal ato de crueldade. Moseley estava sozinho, era desconhecido na vizinhança e a única arma que carregava no dia era uma faca de caça. Então por que ninguém fora socorrer Kitty, ou pelo menos tentara alertar a polícia?

Rosenthal saiu do almoço com a sensação de que estava diante de algo importante. Três dias depois, o *New York Times* publicou a história na primeira página, com uma manchete de quatro colunas:

37 VIRAM CRIME E NÃO CHAMARAM A POLÍCIA
Apatia diante de esfaqueamento de mulher no Queens choca inspetor

O artigo abria assim: "Por mais de meia hora, 38 cidadãos de respeito e cumpridores da lei do Queens viram um assassino perseguir e esfaquear uma mulher em três ataques distintos em Kew Gardens". Os leitores aparentemente perdoaram a inconsistência em relação ao número de testemunhas, e logo a história estava na boca de todo mundo. Quando saiu o relatório da polícia, duas frases dos espectadores passivos ficaram particularmente famosas. Um vizinho e amigo de Kitty abrira a porta da frente de casa, ficara cara a cara com o assassino por um instante e depois a fechara rapidamente. Aos policiais, ele explicara: "Eu não queria me meter". Já uma mulher de outro apartamento dissera ao marido: "Trinta pessoas já devem ter ligado para a polícia a essa hora".

Milhões de norte-americanos ficaram revoltados, e sensibilizados. Houve um amplo debate sobre como algo daquela natureza poderia ter ocorrido. Explicações possíveis iam desde o torpor provocado pelo crescente consumo de televisão até o cinismo que despontava nas grandes cidades, enquanto alguns simplesmente desqualificavam a espécie humana como egoísta, medrosa e desprovida de empatia.

Revisões contemporâneas do caso mostram que Rosenthal se deixou levar um pouco, exagerando alguns dos fatos que descobriu durante aqueles três dias em 1964 lendo relatórios da polícia, estudando os depoimentos das vítimas e falando com vizinhos. Na verdade, uma pessoa gritara pela janela "Deixa a garota em paz", o que levara Moseley a interromper o ataque e se esconder em seu carro. Mas ele voltara. Uma idosa ainda aparecera depois que o assassino fugira e estava com a agonizante Kitty Genovese em seus braços quando a polícia chegou. Um homem afirmava ter sido ignorado pela polícia quando ligara. E o vizinho assustado que fechara a porta porque não queria se meter fora em pânico bater à porta dos fundos de um amigo que morava no mesmo prédio. Depois de uma longa discussão (e quando já era tarde demais para salvar Kitty), ele reunira coragem para ligar para a polícia. Por fim, Genovese fora atacada duas vezes, não três, e o segundo ataque ocorrera longe do campo de visão das testemunhas.

Apesar desses exageros, o assassinato de Kitty Genovese deu o que pensar, tocando um medo profundo, primitivo: "Se minha vida estiver em perigo, será que alguém vai me ajudar?". Moseley em pouco tempo foi para trás das grades, mas esse tipo de medo está mais relacionado à natureza humana do que a um psicopata em particular. Um incidente assim faz a gente se questionar. E é preciso encontrar respostas.

Os psicólogos sociais Bibb Latané, John Darley e Judith Rodin foram os primeiros a oferecer ao público uma explicação sólida do ponto de vista científico. Na sequência da provação de 1964, conduziram uma série de experimentos. Um dos estudos, publicado em 1969, mostrou que, enquanto 70% das pessoas ajudariam uma mulher em apuros se fossem a única testemunha, apenas 40% tomariam providências se outras pessoas estivessem presentes.

Em outro experimento, os participantes foram convocados com o pretexto de preencher questionários. Alguns foram colocados sozinhos em uma sala, ao passo que outros se sentaram com mais duas pessoas, que podiam tanto ser outros participantes quanto pesquisadores disfarçados. Enquanto estavam sentados preenchendo os questionários, uma fumaça começava a tomar conta da sala. Dos participantes que estavam sozinhos, 75% chamaram os pesquisadores. Em contrapartida, apenas 38% dos participantes que estavam com outros dois participantes o fizeram. No último grupo, em que os participantes eram acompanhados de dois pesquisadores disfarçados que notavam a fumaça e não tomavam providências, apenas 10% chamaram os pesquisadores.[1]

Esse fenômeno ficou conhecido como *apatia do espectador* ou *efeito espectador*, e foi bastante útil para explicar por que ninguém ajudou Kitty Genovese naquela noite em Kew Gardens. Em suma, quanto mais pessoas *puderem* ajudar, menos ajudarão. Isso é atribuído a dois princípios psicológicos. O primeiro é a *difusão da responsabilidade*: "Com tanta gente aqui, por que *eu* deveria ajudar?". Agir ou se omitir se torna uma responsabilidade coletiva. O grupo toma a decisão, não o indivíduo. Infelizmente, a tomada de decisão coletiva em situações de emergência é um mecanismo pavoroso.

O segundo princípio é o da *influência social*, que significa que, quando algo inesperado acontece, os espectadores tendem a monitorar a reação das outras pessoas para definir se é necessário tomar uma atitude. Um punhado de espectadores passivos fornece *evidência social* de que tudo bem não se mexer para ajudar.

Agora que vimos um exemplo de apatia do espectador, vamos dar uma olhada num caso que conta uma história diferente. A história de um líder emergindo de uma multidão de espectadores.

Devido à combinação fatal de uma pesada tempestade de neve e uma série de graves erros de pilotagem, o voo 90 da Air Florida conseguiu subir apenas 107 metros antes de começar a cair no dia 13 de janeiro de 1982. Trinta segundos após a decolagem, a apenas três quilômetros de distância da Casa Branca, o avião bateu na ponte da rua 14, mergulhou no gelo e afundou imediatamente no rio Potomac. A bordo estavam 72 passageiros apavorados e cinco integrantes da tripulação.

Apenas seis pessoas conseguiram sair dos destroços do avião e emergiram em meio ao metal retorcido e o gelo quebrado. Machucados, em estado de choque e engolfados por água abaixo de zero, os sobreviventes precisavam de ajuda para chegar à margem. Por azar, o tempo ruim provocara congestionamentos pela cidade inteira, e os veículos de resgate batalhavam para chegar ao local do acidente. No entanto, as filas de carros presos no engarrafamento significavam que muitas pessoas haviam visto o espantoso acidente, e em poucos minutos quase uma centena delas tinha chegado, incluindo algumas habilitadas para socorrer os sobreviventes. Mas ninguém fazia ideia de como chegar até eles, e a situação foi ficando desesperadora. A multidão observava enquanto os seis sobreviventes lutavam pela vida, gritando e implorando por ajuda enquanto se mantinham agarrados a pedaços de metal ou blocos de gelo que flutuavam.

Às 16h20, dezenove minutos após a queda, o helicóptero de resgate finalmente chegou. Com a ponte tão próxima e todos os destroços que havia na água, era uma missão complicada. A tripulação do helicóptero baixou uma boia para o primeiro sobrevivente. Demorou algum tempo para levá-lo em segurança até a margem em meio à água congelante, mas correu tudo bem.

Na segunda viagem, um dos sobreviventes conseguiu agarrar outros dois que estavam fracos demais para se segurar por conta própria. Infelizmente, durante o processo, uma dessas pessoas, Priscilla Tirado, se soltou. Tudo parecia bem assustador para ela, cegada pelo combustível do avião, em pânico e sendo empurrada para baixo d'água pela pressão do vento do próprio helicóptero que tentava resgatá-la.

Ela já estava perto o bastante da margem para que os espectadores pudessem olhar em seus olhos bem abertos. Seu estado era de partir o coração. Com repórteres e cinegrafistas em meio à multidão, todo o ocorrido foi documentado e pode ser visto no YouTube. Não é difícil ficar com os olhos cheios d'água ao ver Priscilla de perto, fazendo movimentos desesperados, prestes a ser arrastada.

Incapaz de se agarrar à boia, ela não pode ser salva. Ao menos, é o que parece. Os espectadores prendem a respiração, muitos choram.

Tudo parece acontecer em câmera lenta. Os movimentos de Priscilla são rijos e desajeitados devido ao seu quadro crítico de hipotermia.

Então, de repente, um dos espectadores se lança à frente, tira as botas e o casaco e mergulha na água com determinação. Com braçadas desengonçadas mas eficientes, Lenny Skutnik nada em direção a Priscilla. Ele a alcança, levanta a cabeça dela acima da superfície e a puxa consigo. De forma milagrosa consegue levá-la até perto o bastante da margem para que um bombeiro, agora também dentro d'água e amarrado a uma corda, a agarre e a puxe até um lugar seguro.

Lenny Skutnik tinha 29 anos na época. Era assistente de impressão e distribuição no Escritório de Orçamento do Congresso norte-americano.

Em 26 de janeiro de 1982, ele foi o convidado de honra do Discurso do Estado da União, escolhido pelo próprio presidente Ronald Reagan. Lenny se sentou próximo à primeira-dama, Nancy Reagan, enquanto o maior líder do mundo livre o elogiava por sua bravura, depois foi aplaudido de pé por todas as pessoas presentes. Ao longo das semanas seguintes, Lenny recebeu mais de 1600 cartas de agradecimento por sua boa ação.

Ao demonstrar liderança num dia trágico de janeiro de 1982, Lenny restaurou nossa crença de que seres humanos desejam verdadeiramente ajudar uns aos outros. A apatia do espectador não é uma lei natural: ela pode ser superada. É possível que uma pessoa comum, sem habilidades especiais, desponte como um líder mesmo numa situação extrema. Lenny nos fez acreditar em nós mesmos novamente.

A bravura de Lenny Skutnik não passou despercebida. A verdadeira liderança raramente é ignorada.

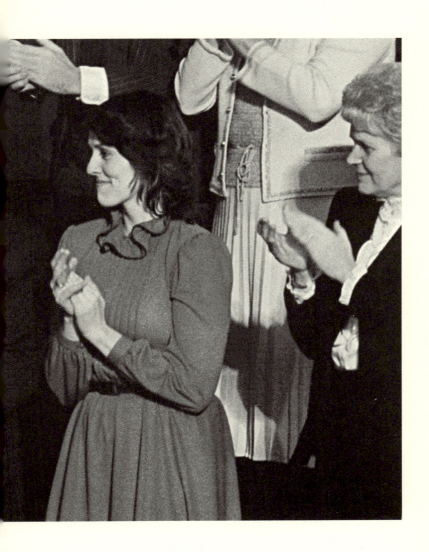

2. Em escala

As lições que podemos tirar do trágico assassinato de Kitty Genovese, da coragem de Lenny Skutnik e dos experimentos realizados em torno do efeito do espectador são de grande valia para explicar a liderança tanto no nível pessoal como em escala muito maior. Em termos fundamentais, a mesma dinâmica está em jogo: ou tomamos as rédeas ou não. Liderança é uma escolha, não uma posição.

Entretanto, como vimos nessas duas histórias, a tendência é orbitarmos ao redor da apatia. Tomar as rédeas de uma situação é a escolha contraintuitiva. Dessa forma, precisamos trabalhar continuamente para criar uma mentalidade de liderança e estar sempre prontos para despontar.

Vejamos o que acontece quando a apatia do espectador se torna o padrão nas organizações, resultando num enorme número de vítimas.

Em março de 2003, Zhang Linwei e sua esposa, Liu Li, sentiam-se incrivelmente abençoados ao levar a filha recém-nascida, Rongrong, do hospital para seu pequeno lar em Wangzhuang, uma cidadezinha a meio caminho entre Beijing e Hong Kong.

Pais de primeira viagem, o casal estava muito preocupado com a saúde da filha. O choro dela parecia ficar cada vez mais fraco, e Zhang e Liu ficaram apreensivos. Alguns dias mais tarde, vendo que a pequena Rongrong desenvolvia uma cabeça desproporcionalmente grande e uma boca excepcionalmente pequena, o casal levou a menina ao hospital. Zhang recorda: "Os médicos disseram que não podiam tratar minha filha. Eles haviam visto inúmeros casos semelhantes". Com medo e incerteza, os pais levaram a menina de volta para casa e fizeram o possível para cuidar dela. Num fatídico dia em agosto de

2003, aos cinco meses, Rongrong deu seu último suspiro. Zhang e Liu ficaram inconsoláveis.

Isso não é o prólogo de um filme de Hollywood sobre epidemias, pandemias e doenças sem cura. É a história real de uma falha gigantesca de liderança, em diversos níveis, e da morte devastadora de mais de sessenta bebês em Wangzhuang e cidades vizinhas.

Deixe-me apresentar a melamina. Você provavelmente a tem em casa, seja numa bancada, no aparelho de jantar, no piso laminado ou num quadro-branco. Para tais usos, é uma substância mais do que inocente. Mas a coisa muda de figura quando ela é empregada como componente de leite em pó para recém-nascidos. Rongrong morreu porque o leite que os pais lhe deram tinha o mesmo valor nutritivo da água. "Nossa filha morreu de fome", Zhang explica. O erro do jovem casal foi confiar na marca do leite em pó local, aprovada pelo governo e propagandeada pelo supermercado.

Não estamos diante de um funcionário desorientado, fora de controle, que pôs em risco a vida de milhares de bebês por conta própria. O que chocou o mundo em 2004 foi descobrir que 141 fábricas de 21 marcas estavam adicionando melamina ao leite para adulterar o teor de proteína, visto que as técnicas utilizadas nos testes não conseguiam diferenciar entre o nitrogênio presente na melamina e proteínas naturais. A fraude permitiu às empresas vender um produto rotulado como leite para recém-nascidos que continha apenas 6% das vitaminas, dos minerais e das proteínas necessários a um bebê em desenvolvimento. Também se sabe que a ingestão de melamina provoca graves problemas urinários e lesões nos rins, de modo que ela é universalmente proibida na indústria de alimentos.

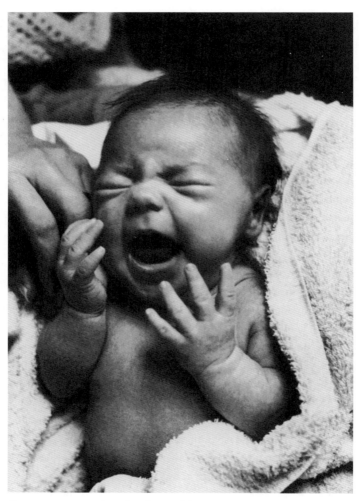

Algumas pessoas que dependem da nossa liderança são mais vulneráveis que outras.

Diz-se que a verdade é mais estranha que a ficção, e nesse caso é sem dúvida mais triste: em 2008 novos incidentes vieram à tona, em escala nacional. A China relatou ter havido 300 mil vítimas de fraudes em produtos alimentícios para bebês, com 54 mil crianças hospitalizadas. Dezenas de oficiais de alto escalão do governo foram acusados de corrupção, por terem feito vista grossa enquanto a ganância empresarial prosperava. Dois líderes das empresas com as práticas mais nocivas foram executados. O que, é claro, não trouxe nenhum dos bebês de volta.

Talvez você more bem distante da China e acredite que erros dessa magnitude jamais aconteceriam no mundo ocidental. Pode ter certeza de que acontecem. E mal podemos imaginar quantas pessoas caem na armadilha de ser espectadores passivos.

Basta dizer que precisamos que mais pessoas se tornem líderes. No dia a dia, no trânsito, na comunidade, nas compras. Precisamos libertar nosso potencial de liderança, seja qual for o tipo de organização da qual fazemos parte: o clube onde praticamos esporte, todo tipo de empresa, ONGS e agências governamentais. Apresentarmo-nos como *líderes*, regentes de nossa própria vida, é tão importante quanto sermos pessoas de confiança para nossos familiares, amigos e vizinhos.

3. Este livro

Como ser um líder se baseia na premissa de que todos temos potencial para ser líderes astutos, com empatia e capacidade de gerar impactos. Este não é um livro sobre como gerenciar pessoas ou ascender os degraus corporativos — apesar de promoções serem uma consequência natural da boa liderança. Vamos jogar luz sobre alguns dos princípios universais que sustentam diferentes modelos de liderança, visando, por fim, a situá-la num contexto humano mais amplo.

Neste livro, vamos olhar para o futuro, cientes de quão rápido o mundo e a consciência coletiva estão evoluindo. Se o contexto muda, também devem mudar as práticas de liderança.

O que apresentamos aqui é um convite a agregar ideias, reflexões e práticas à sua liderança, em vez de apenas um limitado conjunto de princípios tirados da teoria administrativa, da economia e do estudo dos negócios. Apesar de serem igualmente necessários, esses elementos já são bastante cobertos pela literatura sobre liderança existente.

Como você verá, apoiamo-nos em pesquisas de ponta desenvolvidas por nosso parceiro acadêmico, a Ashridge Executive Education, parte da Hult International Business School, que possui seis centros de pesquisa, cada um deles focado numa área: pesquisa-ação, negócios e sustentabilidade, coaching, treinamento para liderança, gerenciamento estratégico e desenvolvimento de executivos.

Em vez de tentar propor algo fechado como uma teoria dos conjuntos, este livro foi concebido para ser um companheiro na sua jornada rumo à liderança. Ele contém o conhecimento dos maravilhosos líderes que entrevistamos, histórias e experiências de nossa própria vida, conclusões tiradas de estudos culturais e a sabedoria atemporal de alguns de nossos filósofos mais queridos.

As histórias e metáforas visam a ilustrar uma jornada do herói — seja liderando em meio à crise, convivendo com a incerteza ou transformando um passado doloroso numa plataforma para a liderança de impacto. Elas são contadas da forma mais precisa possível, pois nossa expectativa é que despertem tanto emoções quanto nossa singular capacidade humana de imaginação. Visam a sensibilizar, inspirar e lembrar que cada momento é uma ocasião para a liderança. Talvez você se reconheça em alguns dos relatos de desafios, crescimento, remissão e aceitação. Esperamos que sirvam de lição e o preparem para responder aos desafios e às circunstâncias que encontrará como líder.

Este livro está dividido em três partes: Você, Você + Outros e Sombra. A primeira parte trata da construção de fundações sólidas para sua liderança, já que o processo começa por você. Como podemos liderar outras pessoas se não sabemos quem somos e aonde estamos indo?

Na segunda parte nos dedicamos a lições e práticas relacionadas às outras pessoas. O que podemos conquistar sozinhos é muito limitado, ao passo que tem sido cada vez mais demonstrado que uma equipe forte, grande ou pequena, pode mudar o mundo de forma bastante significativa.

Na parte final analisamos alguns elementos sombrios, que provocam grande impacto na liderança. Em momentos decisivos não é raro fraquejarmos, comprometendo tudo aquilo que nos esforçamos tanto para construir em nossos melhores momentos. Exploraremos crises, incertezas, fracassos e ego.

Ao longo dessas três partes vamos presentear você com as doze lições mais vigorosas sobre liderança com as quais nos deparamos durante nosso trabalho. Esta lista não esgota o assunto de forma alguma. Ainda há muito a ser dito a respeito do tema. Selecionamos com cuidado o que julgamos ser os aspectos mais relevantes, e comumente negligenciados, do sentido da liderança.

4. Nossa história

Quem somos nós para escrever este livro, e por que nos importamos? Cosmina foi criada na Romênia, em meio a um dos regimes comunistas mais opressivos já vistos, a ditadura de Ceauşescu. Ela vivenciou o que hoje é considerado um dos maiores experimentos da história sobre liderança centralizada. Aos dezoito anos, graças a um inesperado ato de gentileza, Cosmina teve a oportunidade de estudar nos Estados Unidos e deixou a Romênia oito anos antes da revolução que depôs o ditador.

Tendo desembarcado na terra dos seus sonhos, Cosmina se sentou em uma sala de aula com doze alunos na terceira instituição acadêmica mais antiga dos Estados Unidos, o prestigiado St. John's College em Annapolis, Maryland. Quatro anos debatendo Homero, Platão, Aristóteles, Hegel, Kant e praticamente todos aqueles que revolucionaram o pensamento ocidental a prepararam para buscar uma excelência que não está obrigatoriamente ligada a status, credenciais ou às dinâmicas de poder.

Depois de passar onze anos no país, ela se mudou para Londres, onde obteve o mestrado em meio ambiente e desenvolvimento internacional. Então, em 2013, uniu esforços com uma pequena equipe em Washington, DC, para criar uma aceleradora de start-ups com o objetivo de tirar do papel negócios adaptados aos novos tempos, e em paralelo treinar líderes mais atentos e conscientes.

Cosmina oferece novas dimensões ao sentido de liderança, obtidas a partir de seu papel atual como fundadora de sistemas ecológicos, coach de start-ups e catalisadora de mudanças de práticas empresariais.

Os países nórdicos são conhecidos por terem encontrado a "terceira via", criando um estado de bem-estar social sem com isso reduzir os direitos de perseguir ambições individuais. Foi nesse contexto que Martin cresceu, e com algumas exceções ele é bastante afeiçoado aos valores e à cultura dinamarqueses. Em seu país a felicidade é um assunto sério, e o equilíbrio entre vida pessoal e trabalho está ao alcance de todos. Ele se orgulha do fato de que um número excepcionalmente alto de grandes cientistas, pensadores, atletas e inovadores continua a emergir da Dinamarca.

Martin começou sua carreira de empreendedor aos dezoito anos, e era um péssimo líder. Por sorte, suas primeiras iniciativas fracassaram, e o jovem e frustrado Martin se viu a obrigado a se render, graduar-se e arrumar um emprego corporativo. Ele passou quinze sofridos meses como consultor da McKinsey, viajando pelo mundo, e depois dois animados anos colaborando com as empresas de um bem-sucedido empreendedor dinamarquês. Então, finalmente se viu pronto para dar uma nova chance ao empreendedorismo.

Em 2006, Martin cofundou a Rainmaking, uma fábrica de start-ups com seis sócios, todos CEOs com responsabilidade de liderar as centenas de equipes que eles têm hoje, em trinta países.

Além de suas próprias start-ups, eles comandam três espaços de coworking, os Rainmaking Lofts, que abrigam um número próximo a mil empreendedores, bem como gerenciam investimentos em mais de trezentas start-ups ao redor do mundo por meio da aceleradora Startupbootcamp.

Em 2013, Martin lançou seu primeiro livro, *Winning Without Losing* [Ganhando sem perder], em coautoria com Jordan Milne, que ganhou a categoria "novos gestores" do prêmio de livro de negócios do ano oferecido pelo Chartered Management Institute, pela Henley Business School e pela British Library. A obra se transformou num best-seller internacional, traduzido para quinze idiomas e lançado em 35 países. Em 2015, Martin publicou *The Great Idea* [A grande ideia], um conto de fadas sobre empreendedorismo para crianças, com a forte crença de que é preciso dar às novas gerações uma introdução melhor ao empreendedorismo.

Hoje, boa parte das atividades da Rainmaking é ajudar grandes corporações a inovar melhor. Martin acredita que completou um circuito, das start-ups às corporações, às start-ups de novo e mais uma vez às corporações. Construir uma ponte entre esses dois mundos é a tarefa de liderança que sente ser sua vocação atualmente.

O projeto deste livro exige as habilidades e experiências de nós dois. Cosmina é a voz filosófica; Martin é o empreendedor pragmático. Ambos temos diferentes perspectivas sobre liderança e nos importamos profundamente com o assunto.

Estamos convencidos de que a liderança está em evolução e continuará assim até alcançar níveis melhores e mais altos de sustentabilidade do que observamos no passado. Isso não é apenas natural, mas necessário. Dessa forma, agradecemos a oportunidade de usar nossa voz, e a daqueles que entrevistamos, e desempenhar um papel no debate sobre o que virá a seguir. E, por falar em voz, já estamos cansados de falar sobre nós mesmos na terceira pessoa. Portanto, nos doze capítulos a seguir, vamos nos revezar na narrativa. Primeiro Martin, depois Cosmina, e assim por diante.

Esperamos que aproveite a viagem.

1. Você

No pátio de entrada do Templo de Apolo em Delfos, na Grécia, a inscrição "Conhece-te a ti mesmo" tem inspirado visitantes há milênios. Para qualquer um que aspire à liderança, tais palavras deveriam representar mais do que um grafite dos tempos antigos. A liderança começa em você, não há como escapar.

A Parte I se inicia com um relato sobre a descoberta de nosso propósito, ou *raison d'être*. É um testemunho emocionante de esperança e reafirmação de que cada um de nós está aqui com uma missão, incluindo o protagonista da história, que cresceu ouvindo que era um idiota que nunca serviria para nada. Conectando sua liderança ao seu propósito — aquilo que coloca você em movimento e o faz se sentir vivo —, vai se tornar uma fonte de inspiração para todos ao seu redor.

No segundo capítulo, analisamos o corpo — nosso suporte físico — como um repositório precioso e brilhante de nossa consciência, um instrumento perfeitamente afinado para expressar nossa liderança. Ao cultivarmos a atenção para a forma como cuidamos de nosso corpo e o habitamos, nós nos tornamos abertos para um nível completamente novo de sabedoria e percepção que extrapola o que nossa mente consciente é capaz de oferecer. Nesse capítulo, nosso objetivo é convidar você a conectar o intelecto assentado na cabeça, os valores assentados no coração e os instintos assentados nas entranhas.

Ter curiosidade sobre si mesmo, sobre o mundo em volta, e seguir na busca pelo conhecimento é o tema do capítulo 3. Nele defenderemos a tese de que a curiosidade é uma ferramenta poderosa para a liderança. Acrescente-a à sua caixa de ferramentas e ficará impressionado.

O mundo precisa de líderes que procurem genuinamente viver em harmonia com a natureza. "Entender nosso lugar no cosmos é uma consciência vital para as lideranças neste século", afirma Chris Nichols, codiretor do programa Ashridge Masters em Sustentabilidade e Responsabilidade. No capítulo 4, convidamos você a se ver como parte integrante da natureza, aprender com seus 3,8 bilhões de anos de evolução e fundamentar sua liderança a partir de uma posição de unidade com a natureza.

A missão de um líder é se tornar referência em termos de sabedoria, consciência e compaixão. E é do trabalho que realizamos em nós mesmos que a liderança emerge.

1. Existe algo com que você se importa de verdade?

No site da Glenville National School, há um monte de fotos de crianças sorridentes. Fazendo uma rifa de Páscoa, andando de ônibus, brincando na escola. Na seção de Políticas há uma declaração contra o bullying, que enfatiza como a instituição assegura um bom ambiente para todas as crianças.

> A escola procura, a todo momento, cultivar uma atitude positiva dos alunos em relação aos outros e ao processo educacional de forma geral. Também buscamos incentivar uma autoimagem positiva em cada criança.

É difícil saber se o site é uma representação justa da realidade dos alunos dessa escola na região sul da Irlanda hoje. Nos anos 1990, sem dúvida, a experiência era bastante diferente. O ex-aluno John Sweeney e sua mãe provaram isso no tribunal.

John apanhava na maioria dos dias na escola. Quando a coisa ficava muito ruim, sua mãe o deixava ficar em casa por dias ou semanas, para que ele pudesse se recuperar física e emocionalmente. Ela levou o assunto ao diretor da escola várias vezes. Ele ria dela. O diretor era um dos que batiam em seu filho. Bem como a esposa dele, vice-diretora da escola. Desde os sete anos, John apanhava regularmente com réguas, punhos ou o que quer que estivesse ao alcance. Ele era violentado por professores que supostamente deveriam educar, proteger e inspirar.

E que diziam repetidas vezes que John era "um retardado, um idiota que não serviria para nada".

Crianças aprendem rápido, e não levou muito tempo até que todos os alunos da turma compreendessem que, se estivessem irritados, poderiam bater em John Sweeney. Quando ele estava no sexto ano, algumas crianças do quinto decidiram atacá-lo. Como eram um ano mais novas do que John, elas resolveram se reunir e atacá-lo pelas costas, no corredor da escola. Uma delas teve acesso livre ao pescoço de John e o golpeou seguidamente ali. Naquele dia, o menino de onze anos quase morreu.

O incidente não levou a nada além do deboche da liderança da escola. No desespero mais profundo a que uma mãe poderia chegar, incapaz de proteger o filho, Mary Sweeney prestou queixa. Levaria mais sete anos de desrespeito e sofrimento até que a escola tivesse que ceder e pagar uma indenização simbólica a John Sweeney, àquela altura um encanador de dezoito anos.

"Minha mãe fez tudo o que pôde. Ela sempre foi muito amorosa comigo. Mas éramos uma família operária, e quando ela tomou providências legais perdemos os últimos amigos que tínhamos na cidade. Todo mundo dizia que estávamos desonrando Glenville. Nossos próprios parentes achavam que estávamos envergonhando o nome da família", lembra John.

Mary Sweeney dirigia o ônibus escolar local, e durante aqueles anos quase todas as manhãs ela era recebida com uma montanha de disparates escritos no ônibus sobre ela, o filho e a família.

"Houve uma época em que as coisas melhoraram um pouco, e eu até tinha alguns amigos com quem gostava de andar", John conta. "Mas, no meu aniversário de treze anos, houve uma reviravolta, e um grupo de dez a doze garotos resolveu me bater, como uma espécie de presente de aniversário. Foi tão feio que a escola expulsou alguns deles. Mas as coisas pioraram ainda mais, porque todo mundo na escola — alunos, professores, pais — me culpou pelo que aconteceu", continua John. "Eu literalmente não tinha nenhum amigo."

John conta tudo isso de forma bastante tranquila e pragmática, sem remorsos. Ainda assim, se não fosse pelo trabalho que realiza hoje em dia e pelo autêntico sorriso em seu rosto, essa seria apenas mais uma história triste. Em vez disso, meu encontro com John foi a coisa mais inspiradora e empoderadora que me aconteceu este ano. Pareceu-me também a prova viva da sabedoria contida nas palavras do sobrevivente do Holocausto e autor best-seller Viktor E. Frankl: "Aquilo que dá luz precisa primeiro suportar queimar".

Não havia uma solução simples para John Sweeney. Ele precisava de uma cura, e não seria fácil. Por sorte, aos dezessete anos conheceu uma garota que não sabia de nada sobre sua situação de pária da cidade. Ela viu John pelo que ele era, tão digno de ser amado quanto qualquer outra pessoa, e o considerou o rapaz mais doce que já havia conhecido. Erin e John hoje estão casados e têm quatro filhos. Os dois fazem aniversário no mesmo dia, tendo ela nascido exatamente um ano antes dele.

"Quando Erin viu que eu sofria bullying, insistiu para que saíssemos de Glenville. Fomos embora, e isso me salvou", conta John.

John sabia que não merecia todas as pancadas que levava, mas a parte de ser "um retardado, um idiota que não serviria para nada" se mostrou particularmente difícil de deixar para trás. Ele trabalhava como encanador apenas porque era a única função que seus professores abusivos diziam que seria capaz de executar.

Na verdade, John era um péssimo encanador. Ele simplesmente não tinha jeito para aquilo.

John sabia que aquilo não era para ele, e por anos seguidos tentou entrar na universidade. Tendo passado tantos dias afastado da escola, seu boletim não era nada impressionante, e o incentivaram a fazer trabalhos sociais e voluntários para demonstrar sua determinação. Ele ingressou no grupo de escoteiros da cidade e começou a trabalhar com vítimas de bullying, ajudando-as o máximo que podia. Aquilo foi ótimo para John e para as crianças que ele atendeu, mas, apesar de todo o esforço, ele não foi aceito em nenhuma universidade.

Por fim, depois de dez anos, John largou o trabalho de encanador, assim como o sonho de entrar na universidade. Teve diferentes trabalhos ao longo de dois anos, mas então ficou desempregado e parecia que não conseguiria recolocar as coisas nos eixos. Perto de completar trinta anos, sentindo-se completamente inútil, entrou em depressão.

Então algo inesperado aconteceu.

John explica melhor isso em um artigo publicado recentemente no *Huffington Post*:

> No dia 27 de março de 2013, eu estava estressado, sem conseguir dormir, e preocupado em como colocar comida na mesa. Eu era um marido e pai desempregado que tinha chegado até aquele ponto seguindo sempre orientações de terceiros. Tinha responsabilidades e nenhum trabalho, não havia ninguém para me dizer como mudar minha vida para melhor e a incerteza me

deixava apavorado. [...] Foi quando, às duas e meia, eu li pela primeira vez sobre uma tradição nascida nos cafés da classe operária de Nápoles, na Itália, onde os clientes deixavam um café pago para as pessoas necessitadas.

Mark Twain disse que os dois dias mais importantes de nossa vida são o dia em que nascemos e o dia em que descobrimos por quê. Naquele momento, sentado diante do meu computador, no escuro, descobri meu "porquê". Num momento de inspiração, criei uma página no Facebook chamada Suspended Coffees, incentivando as pessoas a pagar um café antecipado num simples gesto de bondade.[1]

Ao ler isso, você deve estar pensando duas coisas:

Primeiro: *esse cara não parece tão idiota quando seus professores diziam*. E segundo: *ah, eu também já criei uma página no Facebook num momento de loucura*. (Eu pelo menos criei...)

Mas John não o fez em um momento de loucura. É o que indicam as 295 mil pessoas que curtiram sua página desde então — e os mais de 2 mil bares e cafés que se inscreveram para fazer parte do movimento. O conceito é simples: é possível ser generoso pagando por uma xícara de café (ou qualquer outra coisa) a mais em um dos bares ou cafés participantes, e alguém passando necessidade poderá ser servido de graça. É uma forma descomplicada e poderosa de demonstrar gentileza. E faz maravilhas pela comunidade local. A página de John transborda de exemplos maravilhosos de bondade e do que ela proporciona ao espírito humano.

O movimento é integralmente gratuito e aberto a todos. John claramente não o iniciou para ganhar dinheiro. Na verdade, ele continua a lutar para colocar comida na mesa. Quando lhe perguntam por que escolheu passar todas as horas do seu dia fazendo um trabalho pelo qual não recebe nada, responde sem hesitar: "Porque preciso". Em princípio pode parecer bobagem, mas, conhecendo a trajetória de John, compreende-se por que a nova carreira faz completo sentido para ele. John se importa de verdade com a gentileza.

Conheci dezenas de líderes de movimentos, e não foi raro eu me despedir com a sensação de decepção. Se por um lado o trabalho deles era importante e admirável, eu não me sentia confortável com suas motivações. Eles registravam e patenteavam tudo. Gostavam de ser o centro das atenções um pouco além da conta. Necessidades e desejos plenamente normais, como atenção, poder e bens em geral, me parecem tão essenciais à maior parte dos movimentos quanto a missão que eles divulgam publicamente. Com John Sweeney e seus Suspended Coffees, eu não senti nada disso. Eis a razão.

Ao longo das conversas que tive com John, ele jamais me pediu qualquer coisa. Mais do que qualquer pessoa que eu conheça, John incorporou o ditado "Pergunte não o que os outros podem fazer por você, mas o que você pode fazer pelos outros". Quando John faz um favor a alguém (cabe dizer que ele oferece coaching de graça), pede apenas uma coisa em troca: que a pessoa também faça um favor a alguém.

Quando perguntei quantos estabelecimentos haviam se juntado ao movimento, ele disse que não tinha como saber ao certo, porque apenas os incentiva a dar início ao trabalho. Não é preciso usar a página que John mantém no Facebook nem os adesivos que produziu. Ele não foi corrompido pela ideia de construir um império (pelo menos até agora). A causa em si é o que importa para ele.

John age de acordo com o que prega. E não apenas diante das câmeras.

Tendo ouvido sua história, não pude deixar de sentir uma raiva dentro do peito ao escrever este capítulo. Peguei-me buscando o nome do ex-diretor da escola dele, e por alguns instantes até fantasiei em ligar para perguntar como pôde ser tão cruel no passado (uma ideia tola). John, por outro lado, não está nem um pouco preocupado, com raiva nem tem desejos de vingança. Pode ter estado em algum momento, não tenho como saber, mas hoje se concentra inteiramente na gentileza como forma de curar o mundo (e o mundo dele).

Apesar de um começo difícil, hoje John lidera um grande movimento que cresce continuamente e inspira milhares de pessoas todos os dias. Algumas de suas publicações alcançam até 1,5 milhão de leitores. Pessoas que ele encontra em sua trajetória escrevem artigos e postagens contando do impacto que teve na vida delas. John participa de TEDx Talks e cruza constantemente o Atlântico para contar sua história. Tem atualmente um punhado de pessoas trabalhando em tempo integral, de graça, para espalhar a mensagem de gentileza e fazer o movimento crescer cada vez mais.

Os melhores líderes do mundo encontram algo com que se importam de verdade, e quase todo o resto fluiu naturalmente a partir daquilo.

No entanto, muitos de nós vivemos desalinhados com nosso verdadeiro propósito. Isso provoca uma sensação incômoda da qual pode ser difícil se livrar — "É só isso mesmo?". Fazemos nossa parte e mesmo assim ansiamos por algo com mais sentido. O complicado é que cada um de nós tem uma concepção diferente de sentido. Nunca sofri bullying, portanto, mesmo valorizando a missão de John, jamais

Para encontrar nosso propósito é preciso quietude e solidão.

teria sido capaz de realizá-la. Minha conexão profunda é com o empreendedorismo, e fiz dela minha plataforma de liderança.

O que a história de John nos ensina é que existe um lugar mais profundo, mais pessoal, de onde a liderança pode, e deve, partir. Sua história é comovente e demonstra de forma clara que qualquer um de nós pode começar ou liderar um movimento, ou mudar alguma coisa no mundo procurando pistas mesmo nos momentos mais dolorosos da vida. Ainda que a história de John não seja igual à nossa, todos podemos nos inspirar em sua capacidade de enfrentar essa fogueira alquímica e surgir do outro lado como um líder brilhante.

As perguntas que convidamos você a se fazer são:

- *Existe algo com que eu me importe de verdade?*
- *Fiz alguma coisa para tornar isso o centro do meu universo?*

Não é fácil, mas se puder responder "sim" às duas perguntas sem hesitar, a liderança, o impacto e o progresso surgirão quase que automaticamente. John não é o melhor administrador ou operador que já conheci, muito pelo contrário. Ele começou do nada, sem educação e sem um único amigo. Em dois anos passou de uma reportagem que estava lendo num momento de desespero a inspirar milhões de pessoas ao redor do mundo. Imagine só o que você pode fazer com suas habilidades, seus recursos e sua rede de contatos! Liderança está, sem dúvida, ao alcance de qualquer um.

Prática

Reserve quatro horas só para você. Explore a natureza. Sente-se numa pedra. Pense sobre a vida e sobre as experiências mais radicais e mais dolorosas que viveu até hoje. Em que momentos você foi marcado? Quando experimentou fortes sentimentos de dor, beleza ou ambos?

Agora, pergunte a si mesmo de novo: *Existe algo com que eu me importe de verdade?*.

Se a resposta for "não" e você estiver feliz e satisfeito com sua vida, então tudo bem. Contudo, se acha que falta sentido a ela, continue a cavar.

Se a resposta for "sim", então esse provavelmente é o segundo dia mais importante da sua vida.

2. Pense no corpo

Conforme eu desvendava o caminho até o portão de embarque, rumo à 45ª viagem em oito meses, comecei a me perguntar: esse voo demorado, de última hora, era mesmo necessário? Reagendei todos os encontros e os compromissos que eu tinha no restante da semana? Ou melhor: como é que meu corpo vai lidar com tanto deslocamento e a diferença de fuso?

Para deixar claro, moro e trabalho em três países, em dois continentes. É fácil imaginar como essas idas e vindas cobram um preço ao meu corpo. Mas talvez viagens em excesso não sejam sua sina. Talvez a forma como você "violenta" seu corpo seja passar tempo demais sentado à mesa de trabalho, dormir pouco, sentir ressaca demais depois da happy hour com os colegas ou não se movimentar nem se exercitar o suficiente. Independentemente disso, todos conhecemos bem a história. Muitos afazeres, pouco tempo, sempre torcendo para dar certo. Isso pode funcionar por algum tempo, claro. Mas só começamos a prestar atenção de verdade ao nosso corpo quando a crise chega. Pelo menos esse foi meu caso, quando, alguns anos atrás, tive que encarar a notícia de que precisaria passar por uma cirurgia na coluna cervical.

Foi durante minha jornada em busca de métodos alternativos de tratamento que comecei a me dar conta de quão pouco tempo dedicamos a pensar sobre nosso corpo. Propelidos pela miríade de tarefas, por encontros, obrigações e compromissos que inventamos, é comum tratar nosso corpo "como o meio de transporte de nossa cabeça", como disse Sir Ken Robinsons.[1]

Dessa forma, precisamos nos esforçar para encontrar meios de rechaçar os ataques da modernidade à nossa integridade física. Isso é ainda mais importante para líderes. Não é novidade para ninguém que tudo o que nós, líderes, falamos ou fazemos envia uma mensagem à organização, à comunidade ou a qualquer tipo de grupo que lideramos. Nossa relação com o corpo não é exceção. A maneira como cuidamos de nossa forma física e nossa postura podem tanto inspirar e infundir respeito quanto provocar julgamentos e críticas dos que estão à nossa volta.

Historicamente, a abordagem ao treinamento de líderes tem sido conceitual, ou seja, focada apenas na cabeça. Quais os princípios, as habilidades e a formação que se mostram mais eficazes para instruir e desenvolver novos líderes? É hora de admitir que reflexões e conceitos não serão suficientes para renovar nossa forma de liderar. Um novo paradigma de liderança exige sintonia de coração, corpo, mente e alma.

É preciso, portanto, incorporar a liderança. Mas, para que isso aconteça, temos que nos reconciliar com a maravilha que é nossa existência física.

Neste capítulo, vamos explorar o corpo a partir de três pontos de vista: 1) como um templo ou veículo que alberga nossa consciência; 2) como um sábio, olhando para a inteligência inerente a nosso corpo e nossa biologia; 3) como expressão, explorando o conceito de presença, que sentimos ser vital ao exercício da liderança no mundo de hoje. Ao final do capítulo você terá uma melhor compreensão da extrema importância do corpo na prática da sua liderança.

1. O corpo como um templo

Vivemos numa época de êxodo em massa de nosso corpo, com uma sensação de que nosso espírito está desabrigado. Essa é uma moléstia global, mas particularmente aguda no Ocidente. Claro que não é tudo culpa nossa. Herdamos uma enorme cisão, uma noção profundamente arraigada de que o espírito e a mente estão separados da matéria. Essa visão equivocada é antiga, datando dos primeiros conflitos entre religião e ciência, quando qualquer nova descoberta que desafiasse a autoridade da Igreja era rejeitada como blasfêmia. Além disso, o argumento de René Descartes em favor do dualismo contribuiu ainda mais para nossa propensão de tratar nosso corpo como se fosse uma máquina.

Por sorte, superamos o dualismo cartesiano e estamos gradualmente percebendo quanto a mente e a matéria estão integradas.

Vamos dar uma olhada em algumas coisas práticas que você pode fazer para desenvolver um corpo de líder. Primeiro, saiba que não estou me referindo à linguagem corporal. Meu convite é para que se percebam os efeitos cumulativos de suas escolhas de vida e que se façam os ajustes necessários de forma a desenvolver um corpo no qual você se reconheça.

O que vem a seguir não é de forma alguma uma lista completa, visto que poderiam ser escritas páginas e mais páginas sobre esse assunto. Considere estas palavras delicados lembretes de que podemos, e devemos, fazer o melhor possível para cuidar desse templo que nos foi dado.

Descartes. Às vezes, sair da sua mente e mergulhar no seu corpo é uma boa ideia. Mesmo para os maiores pensadores.

Sono

Apesar de a ciência ainda estar em sua infância, existe um sem-número de pesquisas sobre o sono. Para entendermos melhor o que acontece enquanto dormimos e por que o sono é vital à liderança, debatemos o assunto com a dra. Vicki Culpin, reitora e diretora de pesquisa na Ashridge Business School. Vicki vem pesquisando as implicações do sono sobre a liderança há décadas.

"Havia um mito, pelo menos até alguns anos atrás, de que quando dormimos estamos inconscientes, de que o cérebro interrompe suas atividades e entramos quase que em estado de coma. Não é nada disso. Existem diversos estágios de sono, e diversas coisas acontecem em cada um", explica Vicki.

Eis a razão pela qual o sono é realmente importante, principalmente para líderes: "O sono é essencial à *consolidação da memória*", diz Vicki. Se consumimos informação pouco antes de ir dormir por pelo menos uma hora e meia (que é o tempo que leva um ciclo completo de sono), o cérebro consegue consolidar o aprendizado, e assim retemos a informação por mais tempo.

O sono é também extremamente importante para a *regeneração celular* e o *rejuvenescimento*. Um estudo recente conduzido pelo dr. Maiken Nedergaard, um biólogo dinamarquês que estuda as funções do sono na escola de medicina da Universidade de Rochester, mostra que, enquanto dormimos, ocorre um aumento do líquido cerebrospinal em torno das sinapses do cérebro, que basicamente age como um "faxineiro", fazendo uma limpeza profunda nas células mortas ou moribundas.[2]

Saúde e bem-estar também são fortemente impactados por nossos hábitos de sono. "É muito importante notar que o sono é individual ao extremo. É complicado estabelecer relações de causa e efeito; no entanto, foi demonstrado que sono ruim crônico está relacionado a alguns tipos de câncer, obesidade, doenças cardiovasculares e diabetes precoce em adultos, para citar apenas alguns exemplos", diz Vicki. Se você tem dúvidas sobre a quantidade de sono que deve ter a cada noite, vale dizer que existe certo consenso sobre a questão. Para promover a saúde ideal, adultos devem dormir sete horas, e idealmente mais, por noite.[3]

Além disso, a capacidade de juntar pontos desconexos ou encontrar uma solução para um problema é intensificada depois de uma boa noite de sono. "Isso sugere que, à noite, o cérebro continua arquivando memórias e olhando as coisas de uma perspectiva ampla", diz Vicki. O sono, portanto, exerce um papel importante no *discernimento*.

Cuidado pessoal

É de grande valia começarmos a enxergar nosso corpo físico como um lar perfeitamente projetado para abrigar nossa consciência e a tratá-lo como tal.

Se, por exemplo, eu escolher beber até perder os sentidos na festa de Natal da empresa, não vou apenas causar uma péssima impressão em todos, mas será impossível para a consciência fluir por meu sistema. Você não precisa acreditar no que digo. Em uma carta para a mãe, Nietzsche descreve um incidente com álcool como "uma das mais desagradáveis e dolorosas experiências pela qual já fui responsável". Ele pouco fez para disfarçar a irritação com seus colegas de turma nas universidades de Bonn e de Leipzig por causa do amor que nutriam pelo álcool e pelo "materialismo cervejeiro".[4]

Conforme desenvolvemos nossa consciência, nosso corpo também evolui e se refina. Experimentei isso durante um retiro de meditação intensa. No início do retiro, meu corpo não era nada além de fonte de dor e frustração. O ato de acordar cedo e depois passar longas horas sentado me levou às lágrimas no segundo dia. Tudo o que eu queria era sair correndo. Mas com a alimentação e a hidratação adequadas, o corpo começou lentamente a colaborar e ampliar minha experiência, em vez de me atrapalhar.

Entre em contato consigo mesmo e veja onde você está neste momento. Não importa quão traiçoeira possa parecer a jornada para mudar hábitos nocivos nem quão insatisfeito você se sinta em relação à sua herança genética, mudar é possível e danos podem ser revertidos. O ponto de partida não faz diferença. O que importa é reconhecer onde estamos, e aceitar e amar a nós mesmos. A partir desse lugar, comece a fazer escolhas saudáveis. Assim, garantimos que nosso corpo físico seja um recipiente capaz de conter nossa liderança.

Movimento

Conforme começamos a honrar o corpo e trabalhá-lo de dentro para fora, aumentamos nossa percepção em relação à forma como ele se movimenta, e aos espaços que ocupamos tanto física quanto energeticamente.

"Em um nível fundamental, vida é movimento", meu business coach costumava dizer para me incentivar a encontrar minha prática de movimento. Meu movimento é a dança, em especial práticas meditativas de dança, como 5Rhytms. Para mim, a dança provoca reflexão e libera a energia das emoções, fazendo com que ela flua livremente.

Convido você a encontrar seu movimento, qualquer que seja, e começar a explorar sua relação com os espaços dentro e fora de si.

2. O corpo como um sábio

"Meu processo primário de percepção é muscular e visual", disse Albert Einstein.

Um sábio, ou *sophos* na Grécia antiga, era alguém que havia alcançado a sabedoria que os filósofos buscavam. Existe mais sabedoria em nossos ossos e em nossa biologia do que jamais seremos capazes de compreender plenamente. Foram necessários infindáveis anos de inteligência evolucionária para chegar ao ponto em que estamos. Chegou a hora de aproveitar essa sabedoria e trazê-la para nossa liderança.

Você já deve ter ouvido ditados como "O corpo não mente".[5] Mas quão inteligente de fato é o corpo humano?

A ciência nos diz que temos três cérebros dentro do crânio, cada um com anatomia e circuitos próprios. O neocórtex, o mais recente em nossa evolução, é chamado de cérebro pensante. Entre outras funções, ele reúne informações, processa a linguagem e faz conexões sinápticas. O sistema límbico é conhecido como cérebro emocional, porque as emoções são reações químicas liberadas por ele. O dr. Joe Dispenza acredita que é esse cérebro que nos permite lembrar como foi terminar uma maratona, assistir a um belo pôr do sol ou dar o primeiro beijo.[6] O terceiro cérebro, o cerebelo, ou cérebro reptiliano, desempenha um papel de destaque na aprendizagem e na coordenação motora. Ele lida com questões de sobrevivência, e é onde se assenta nosso subconsciente.

Entretanto, o campo da neurociência publicou descobertas que corroboram a ideia de que o reduto da nossa inteligência não se limita aos três cérebros dentro do crânio.

Em 1991, o pesquisador e neurocardiologista J. Andrew Armour apresentou o conceito surpreendente de que temos uma rede neural complexa — em outras palavras, um cérebro funcional — dentro do coração.[7] Isso ficou conhecido como cérebro cardíaco. O que ocorre é que o coração, primeiro órgão formado durante a embriogênese, mantém um diálogo contínuo e de mão dupla com os cérebros em nossa cabeça e com o restante do corpo.[8]

Em 1998, o neurobiologista dr. Michael Gershon divulgou o resultado de mais de uma década de pesquisa, mostrando que nosso sistema digestivo também contém uma rede neural inteiramente funcional, que ficou conhecida como cérebro entérico.[9] De acordo com o dr. Gershon, o cérebro entérico é um depósito neuro-hormonal, que utiliza o mesmo tipo de neurotransmissores encontrados nos cérebros em nossa cabeça. Logo, isso nos conclama a prestar atenção à sensação de "frio na barriga" que caracteriza algumas emoções.

Além disso, pesquisadores do emergente campo da epigenética — em oposição ao determinismo genético — sugerem que cada célula existente em nosso corpo é um "chip programável" inteligente, cujos comportamento e atividade genética são controlados primariamente por sinais do ambiente, não apenas pelos genes.[10] Apesar de ainda não haver consenso sobre o número exato, estima-se que haja algo em torno de 37,2 trilhões de células no corpo humano.[11] Essas células inteligentes convivem em harmonia sob um mesmo teto (o corpo humano saudável), num diálogo entre si e com o ambiente que nos rodeia.

Graças ao trabalho do dr. David Hawkins, sabemos que o sistema nervoso central humano possui "uma apuradíssima capacidade sensitiva de diferenciar padrões benéficos e padrões nocivos à sobrevivência".[12] Em outras palavras, o corpo sabe dizer "sim" ou "não" a cada coisa que nos cerca.

Pense em quão poderosa sua liderança será quando você utilizar a vasta inteligência de sua estrutura física em todas as suas decisões como líder. Uma vez que aprender a identificar cada "sim" e "não" que seu corpo diz, quão difícil não será para os outros enganá-lo ou levá-lo por um caminho equivocado? Como será sua liderança assim que você dominar a habilidade de alinhar todos os seus cérebros: o da cabeça, o do coração e o digestivo?

3. De corpo presente

A essa altura, deveríamos estar nos sentindo muito bem pelo fato de nosso corpo concentrar tanta inteligência. A sabedoria, no entanto, é determinada pela nossa atenção e por nossa habilidade em alinhar coração, mente e corpo.

A escritora, poeta e dançarina norte-americana Maya Angelou proferiu uma frase que ficou famosa: "Aprendi que as pessoas vão esquecer o que você disse, vão esquecer o que você fez, mas jamais vão se esquecer da forma como você as fez se sentir".

Estamos nos comunicando desde muito antes de abrir a boca e usar nossas cordas vocais. Essas sutis mensagens não verbais são normalmente registradas pelo nosso sistema límbico (cérebro emocional) e ficam gravadas na memória. Certa vez trabalhei com uma pessoa que quando chegava a uma reunião dava a impressão de sugar todo o ar ao redor. Era como se ocupasse todo o espaço, com seu cansaço e sua irritação, e a tensão era palpável.

Portanto, estar ciente da forma como habitamos nosso corpo, de nossa postura e da qualidade de nossa presença é uma ferramenta importante para a vida, e não apenas para a liderança.

O que significa estar presente? Betty Sue Flowers é especialista no assunto e coautora de *Presence: Exploring Profound Change in People, Organizations and Society* [Presença: explorando mudanças profundas nas pessoas, organizações e sociedade]. Em nossa entrevista, ela descreveu presença como "uma forma profunda de dar ouvidos a um futuro que deseja emergir". Betty Sue explica que, quando estamos em um grupo e nos mantemos abertos, abrindo mão do controle, é possível criar um campo de alta intensidade e entrar em verdadeira sincronia com a equipe, de modo a poder perceber juntos o que precisa ser feito a seguir. "É uma sensação incrivelmente mágica", ela diz. "A analogia mais próxima é com a forma como os artistas criam sua arte. Eles estão sempre lutando com algum aspecto da forma: a melhor métrica para um poema, a melhor tela para uma pintura. Precisam dar um passo para trás, ouvir e se manter abertos a perceber o que está emergindo."

A presença, assim, é o cultivo da imersão e da atenção, um modo de ser, uma rendição ao momento presente. Como líder, ao sustentar esse espaço de intensa escuta e sensibilidade você será capaz de criar mais espaço para as pessoas ao seu redor, permitindo que sejam mais criativas. Isso ocorre porque a profundidade da sua presença ressoará entre elas. Cabe a você, no papel de líder, garantir que esse efeito seja construtivo.

Prática

Este capítulo recomenda diversas práticas, até mesmo ter sete horas de sono por noite, encontrar seu movimento, avaliar estilos de vida e mais. Todas são cruciais para incorporar a liderança. Assim como no capítulo anterior, essas lições podem ser aprendidas por qualquer um, independentemente do status social ou da posição na hierarquia corporativa. O importante é desenvolver um corpo que vai favorecer e aumentar nossa capacidade de liderança.

3. Desperte sua curiosidade

Em um plano fundamental, todo tipo de progresso começa com a curiosidade — com diferentes versões da pergunta básica: como isso pode ser feito de uma forma melhor? Sem a curiosidade não teríamos smartphones, a Estação Espacial Internacional, sorvete Ben & Jerry's ou pau de selfie.

Líderes criam uma realidade que não teria acontecido de outra forma. Os melhores mantêm seus poderes criativos da infância, deixando a mente aberta a aprender, e então nos impressionam com a habilidade de responder a perguntas inesperadas e repensar a realidade que o restante de nós aprendeu a aceitar como definitiva.

A verdade é que essa aptidão não precisa ser tão rara. Ela tem muito pouco a ver com Q.I. ou qualquer talento inato. Está mais próxima de um hábito, uma escolha, uma habilidade que se pode praticar e melhorar. Na verdade, a curiosidade está sempre à disposição para todos nós. Despertá-la pode ser o que falta para levar sua liderança a um novo patamar.

Neste capítulo, trataremos da curiosidade como uma ferramenta para liderar e daremos orientações específicas sobre como praticar e expandir sua capacidade de ser curioso. Como inspiração, vamos compartilhar o exemplo de um memorável líder dinamarquês que, valendo-se de sua curiosidade, está transformando duas das mais conservadoras instituições: a educação e a política. Como quase tudo, porém, a curiosidade possui um lado sombrio, e vamos tratar disso também, para que você possa escapar das armadilhas.

Mesmo que você não compreenda tudo, a curiosidade torna sua vida mais rica.

Primeiro, imagine um mundo sem a curiosidade. Quando nos empenhamos nesse exercício mental, rapidamente se torna claro que ele seria incrivelmente chato. O amanhã seria mais ou menos igual ao hoje. Para sempre. Apesar de isso talvez soar reconfortante para aqueles que se sentem oprimidos pelas condições de volatilidade, incerteza, complexidade e ambiguidade do mundo moderno, acredito que a maioria de nós concordaria que viver o mesmo dia repetidas vezes acabaria por matar nosso espírito. Presidiários passam por isso, e consideramos sua punição. Muitas pessoas passam por tal coisa ao se aposentar — são aquelas que parecem envelhecer dez anos ao longo do primeiro ano de aposentadoria. Para prosperar, a maioria de nós precisa de ambiente e circunstâncias que mudam e se desenvolvem — de preferência, melhoram. Nossa curiosidade é o que faz o amanhã ser interessante.

Outro importante aspecto da curiosidade é que ela é a base para o aprendizado. Crianças são o tipo de pessoa mais curioso que existe, e o que aprende mais rápido. Mas, sempre que os adultos fazem uma pergunta e ouvem a resposta, aprendem alguma coisa. Quando compartilhamos nossas próprias ideias ou os pontos de vista aos quais nos aferramos por anos, podemos no máximo influenciar alguém ou soar inteligente. Mas, sem dúvida, não estaremos expandindo a mente nem aprendendo nada de novo.

Se, em sua prática de liderança, você se sente em alguma medida travado, sobrecarregado ou até mesmo deprimido, a curiosidade pode ser o caminho mais curto para a mudança. Você pode escutar conselhos como "procure não se preocupar demais", "o tempo é curto, aproveite a vida" ou "seja grato por aquilo que tem". Contudo, são atitudes virtualmente impossíveis de assumir quando estamos desanimados de verdade. Mas mesmo nos momentos mais difíceis somos capazes de encontrar alguma coisa, não importa quão pequena seja, que desperte nossa curiosidade.

Ao ser entrevistada por Jonathan Fields para o podcast *GoodLife Project*, Elizabeth Gilbert, autora do famoso best-seller *Comer, rezar, amar*, explicou sua trajetória para escapar de uma depressão profunda. Por dias sem fim, ela ficou encolhida num canto do sofá, chorando copiosamente. Ela estava muito triste — e se sentia incapaz de voltar aos eixos. Então, um dia, sua curiosidade a levou a se perguntar: e se não estivesse completamente desenganada? E se pudesse mudar alguma coisa naquele cenário? Ela não conseguia parar de chorar, mas ficou pensando se não podia pelo menos se apoiar numa perna enquanto soluçava, em vez de ficar ali no sofá. E conseguiu. O que pode parecer uma mudança mínima foi uma vitória arrasadora para Elizabeth.

No dia seguinte, ela fez o mesmo, e começou subitamente a rir, pensando em quão ridícula devia parecer, apoiada numa perna só no meio da sala de estar, chorando. Foi o momento de virada da depressão, e com a curiosidade ao lado dela Elizabeth começou a engatinhar, o que por fim não apenas a restabeleceu, mas a levou a uma vida ótima e extremamente criativa.

Agora, vamos dar uma olhada em outro líder que incorpora a curiosidade. Uffe Elbæk começou desenvolvendo projetos artísticos e iniciativas empresariais que rompiam com as formas tradicionais. No outono de 1989, ele e seus amigos conseguiram fazer com que mais de 2 mil jovens dinamarqueses entrassem na União Soviética, à época um dos locais mais totalitários e fechados do planeta. O plano era organizar um festival de rock em frente à Universidade de Moscou.

A banda dinamarquesa Sort Sol foi uma das que se apresentaram, e acabou banida da nação comunista, onde shows de rock eram tão escassos quanto direitos democráticos. A experiência foi de tirar o fôlego, dramática, e elevou a autoestima dos jovens entusiastas.

A seguir, o grupo se fez uma pergunta simples: "Que tipo de educação poderia preparar mais pessoas para fazer o que fizemos?". Eles rapidamente se deram conta de que tal formação não existia; na verdade, não conseguiram encontrar nada nem mesmo próximo em lugar nenhum do mundo.

Tendo como ponto de partida a curiosidade, Uffe e seus amigos, com seu talento para a ação, decidiram abrir a própria escola, que batizaram de KaosPilot University. Sua missão era proporcionar uma experiência holística aos estudantes, onde corpo, mente e espírito seriam utilizados e desenvolvidos em igual medida, e onde a criatividade, o livre-pensamento e o empreendedorismo estariam na raiz de tudo o que fosse feito. Os estudantes não deveriam ficar presos às carteiras, ouvindo monólogos intermináveis sobre teorias abstratas; deveriam praticar formas de criar o futuro. A nova formação era fortemente motivada por filosofia, artes e ciências, que compõem um ambiente incrivelmente inspirador e orientado à ação, o que era revigorante.

A KaosPilot foi reconhecida pela revista *Businessweek* como uma das melhores escolas de design no mundo, e a revista *Fast Company* a incluiu na lista Start-up Leagues Big 10. Seus membros se expandiram internacionalmente e participam da criação de programas educacionais junto a renomadas instituições, como o Royal College of Art de Londres e o Hong Kong Design Centre. Metade dos seus ex-alunos está em posições de liderança e outros 33% começaram seu próprio negócio. Conheci inúmeros KaosPilots e é impressionante como todos compartilham da mesma atitude proativa. São pessoas criativas, curiosas, confiantes e orientadas para a ação.

Depois de mais uma vez ter obtido êxito em transformar sua utopia em realidade, Uffe Elbæk começou a se perguntar sobre o que seria necessário para fazer um país inteiro se tornar mais vibrante, inspirado e de mente aberta. Testemunhei sua entrada na política e, como muitos outros dinamarqueses, admito que não imaginei que duraria muito. Todos sabemos como a política é brutal, e da minha posição de observador Uffe não parecia cínico ou casca-grossa o bastante para se manter no meio político.

Quando entrevistei Uffe para este livro, ele se lembrou de estar numa esquina em Copenhague quando um de seus voluntários lhe fez a seguinte pergunta: "Por que não fundamos um partido?". Sua primeira reação foi dizer "De jeito nenhum", mas nos dias que se seguiram a curiosidade deu as caras e ele se viu pensando no assunto. Pouco depois que a semente tinha sido plantada, Uffe se sentou e escreveu um manifesto, então trabalhou sistematicamente sobre seu programa de oito passos para o desenvolvimento de conceitos, analisando o projeto de diferentes ângulos.

Em 27 de novembro de 2013, Uffe Elbæk, juntamente com Josefine Fock, apresentou as ideias e os pensamentos por trás de um novo partido político na Dinamarca, chamado Alternativet [a alternativa]. Uffe explicou à imprensa que o Alternativet tinha uma declaração de valores e um manifesto, mas ainda não um programa político. Isso porque eles eram contra a estrutura tradicional hierárquica verticalizada e viam o envolvimento como um valor-chave — portanto, em vez de simplesmente apresentar um programa político, faziam um convite a todo o país para participar de uma série de "laboratórios políticos".

Os laboratórios funcionariam efetivamente como uma plataforma colaborativa em larga escala para elaborar o programa político do partido. Os analistas não sabiam se riam ou choravam. A maioria considerou o Alternativet uma espécie de piada, ou na melhor das hipóteses um partido de protesto. Ninguém achou que havia uma probabilidade real de que Uffe e seus colegas obtivessem votos suficientes para conseguir um lugar sequer no Parlamento.

Mais uma vez, o establishment subestimava Uffe Elbæk. Nas eleições parlamentares de 18 de junho de 2014, o Alternativet obteve quase 5% dos votos, conquistando nove assentos. Entre todos os políticos dinamarqueses, Uffe ficou em décimo lugar no número de eleitores.

O que os analistas não tinham entendido era que mesmo as regras da política poderiam ser renovadas e melhoradas. Se os especialistas não estavam realmente curiosos quanto ao Alternativet, os eleitores estavam. Só porque a elaboração de forma colaborativa, em larga escala, do programa político de um partido não tinha sido feita antes não significava que era impossível.

Com seus seis valores fundamentais — coragem, generosidade, transparência, humildade, humor e empatia —, o Alternativet está, de fato, estabelecendo as bases de algo novo, fresco e não convencional. Humor não é exatamente o que vem à mente quando a maioria de nós pensa em política (zombaria e sarcasmo excluídos). E quantas vezes um político nos surpreende sendo humilde de fato?

Apesar de a curiosidade ser incrível, ela sem dúvida possui um lado sombrio que é preciso abordar. Se somos muito curiosos, corremos o risco de nos distrair regularmente. Quando conto às pessoas que comecei dez negócios (em um período de quinze anos), elas podem pensar que estou me gabando, mas na verdade estou admitindo uma fraqueza. Hoje percebo que teria sido melhor se tivesse posto em andamento menos iniciativas, dedicando a cada uma delas mais concentração e paciência, mas minha curiosidade me seduziu muitas vezes. Escrevi livros, abri uma escola na Índia, lancei um novo modelo de editora para o mercado americano, criei uma plataforma on-line de doações para instituições de caridade, lutei para comprar uma rede de lojas de produtos naturais e suplementos, e muito mais. Visivelmente, minha curiosidade não tem sido só um trunfo, mas também um fardo.

Foco é importante. Curiosidade é essencial. Logo, o que precisamos é de *curiosidade focada*. Por exemplo, quando estamos tentando fazer crescer uma empresa de comércio eletrônico de itens de decoração para casa, é útil ter curiosidade quanto a tendências de design de interiores, pesquisar o tamanho médio de pedidos e taxas de conversão, que tipo de coisa deixa os clientes felizes, de que forma usam os produtos etc. Não é tão útil ser atraído por um dispositivo para a indústria naval nem ficar pensando obsessivamente sobre a própria capacidade de escrever um romance de fantasia. Tudo isso é bom, mas a seu tempo. Para que nossa liderança seja eficaz, precisamos de clareza de direção, propósito e visão. Caso contrário, torna-se muito difícil para os outros seguir nossa liderança.

Prática

Converse com alguém com quem normalmente não falaria. Alguém que julga ser muito diferente de você. Procure descobrir se essa pessoa sabe algo que você não sabe.

Leia um livro de cuja premissa discorda radicalmente. Tente aprender três fatos novos com ele.

Quando você percebe que está curioso quanto a algo que não está relacionado aos objetivos ou à visão de mundo que definiu para si mesmo, questione se isso é: a) uma distração, b) um chamado para uma mudança deliberada de curso, ou c) um ponto de vista imprevisto quanto à melhor forma de avançar em suas prioridades. Use sua curiosidade, não deixe que ela use você.

4. Incorpore a "ecosofia" à sua liderança

Quando declarou guerra à Alemanha nazista, o célebre primeiro-ministro britânico Winston Churchill começou a planejar um borboletário em Chartwell, Kent. Uma distração do difícil trabalho por vir, ou um lembrete mais do que necessário do maior símbolo de transformação e liberdade que existe na natureza? Isso só Churchill sabia. Basta dizer que, desde a juventude, ele adorava passar o tempo em meio à natureza. Fascinado por lagartas se transformando em belas borboletas, ele apreciava vê-las alçar seu voo inaugural. Quando estava me distraindo na biblioteca na bela Ashridge House, sede de nosso parceiro acadêmico para este livro, encontrei por acaso uma passagem cativante escrita por um jovem Winston para sua mãe.

"Jamais trabalhei nas férias, e não é agora que vou começar. Será muito bom se isso não me for imposto", escreveu Churchill, aos treze anos, implorando para que a mãe não lhe desse nenhuma tarefa durante suas férias. Ele continua: "Nunca me falta o que fazer quando estou no campo, pois me ocupo 'borboleteando' o dia todo".[1]

Sim, "borboletear" era importante para Churchill. Seria esse o segredo de sua capacidade de manter a calma e seguir adiante?

Você pode estar se perguntando por que discutir a natureza em um livro sobre como ser um líder. Acreditamos fortemente que os antolhos precisam ser removidos. A natureza é um aliado importante para os líderes da próxima geração. Isso deve ser vivido e experimentado, não meramente entendido na teoria. Como parte interessada em sua prática de liderança, a natureza vai motivá-lo, nutri-lo, escancarar seu coração e ensiná-lo. Mas só se você deixar.

Eis uma pérola de sabedoria que recebi pouco tempo atrás, de um ancião da aldeia de Tejakula, no norte de Bali. Ele ensina os líderes em sua comunidade a dominar três relações. A humano-humano, que requer um coração aberto e a supressão do conceito de separação; a humano-divino, que é muito viva em Bali, conhecida como "a terra dos mil templos"; e a humano-natureza, que também propõe a supressão da separação, vendo a natureza não como algo "lá fora", a ser temido, mas como um organismo do qual fazemos parte.

Chris Nichols, codiretor do programa de mestrado em sustentabilidade e responsabilidade da Ashridge, e sua equipe ajudam seus alunos a cultivar "uma apreciação mais profunda da natureza como 'nós', um sistema vivo com o qual precisamos nos relacionar, porque somos um. Este não é um ponto de vista moral, é uma abordagem científica que diz que, se um subsistema (humanos) prejudica um sistema de nível superior (natureza), não há como prosperar. Um subsistema não pode fazê-lo sem o sistema de ordem superior do qual depende". Ele acredita de forma apaixonada que o mundo precisa de líderes com "ecosofia", termo cunhado pelo filósofo norueguês Arne Naess que representa um sentido dinâmico, em constante evolução, da sabedoria necessária para viver em harmonia com a terra.

É possível contra-argumentar que a prática de observar e apreciar a natureza não é novidade. Sem dúvida, a natureza tem capturado nossa imaginação por milhares de anos. Tem servido de inspiração para arte, design, música, literatura. Vejamos, por exemplo, Antoni Gaudí, cuja artrite precoce contribuiu para sua tendência à solidão e a uma estreita ligação com a natureza. Incapaz de brincar com outras crianças, ele passava o tempo sozinho, observando animais, plantas e pedras. Um dos mais famosos arquitetos de sua época, Gaudí criou um trabalho intensamente orgânico, cheio de imagens de natureza e religião, que lhe rendeu o apelido de "arquiteto de Deus".

Para ele, a natureza era mais do que apenas decoração. Suas estruturas emulam benfeitorias estéticas e funcionais encontradas na natureza — arcos que se assemelham a costelas, colunas que imitam árvores ou ossos humanos, estruturas de telhado que parecem folhas. Seguindo o projeto da natureza, Gaudí não só conseguiu reduzir o material necessário para suas estruturas como transformou Barcelona em uma galeria de arte que celebra a beleza, a sabedoria e a expressão alegre da natureza.

Ao longo do caminho, no entanto, parece que caímos na armadilha de achar que nós, como seres humanos no topo da cadeia alimentar, sabemos melhor das coisas. E passamos a ver a natureza como o "outro". Uma consequência lamentável disso é que desenvolvemos uma tendência a explorá-la.

A liderança da próxima geração precisa se estabelecer a partir de uma posição de unidade com a natureza. E isso começa ao se viver uma "experiência profunda", como a que Joseph Jaworski descreve em *Presence: Exploring Profound Change in People, Organizations and Society*.

Joseph participava de uma missão de visão da Passagem Sagrada em Baja California, México. Ele afirma que, no último dia dos sete dias que passou na solidão junto à praia:

Eu me dei conta de outra presença e olhei para a esquerda. A apenas quinze metros, em outra pedra, estava uma fêmea de leão-marinho. [...] Ela não se mexeu, apenas olhou para mim pacificamente, com seus olhos castanhos grandes e ternos. Ficamos lá por vários minutos, relaxados na presença um do outro. Então ela começou a se mover, e pensei que estava indo embora — mas eu estava enganado. Ela desceu da pedra e veio em minha direção, parando a apenas oito ou dez metros de distância. Descansou a cabeça entre duas pedras que formavam um V, como se para imitar meu queixo descansando sobre o apoio. Ela esfregou suas bochechas contra uma pedra, depois outra. Por fim, deu um grande bocejo e ficou lá sentada, olhando nos meus olhos. Eram olhos lindos, gentis — e tristes, pensei. Ela ficou talvez dez minutos ali comigo, então muito delicadamente se afastou das rochas e tomou o rumo da água. Nesse exato momento, todo o céu ficou vermelho — não apenas a oeste, mas todo o céu, tudo, de uma ponta a outra. Acho que jamais havia visto isso acontecer, e simplesmente fiquei lá, desvanecido, tocado até as profundezas do meu ser.[2]

Mais tarde, Joseph afirmou que, lá na praia, "a natureza se tornou meu professor. Ela me ajudou a entrar em contato com quem eu sou e com meu verdadeiro trabalho".[3]

Para entender o que aconteceu durante esse encontro, vamos testar uma hipótese oferecida por Erich Jantsch. O astrofísico e teórico dos sistemas de origem austríaca delineou três níveis distintos de conhecimento humano: o racional, o mítico e o evolucionário. Imagine a vida como se fosse a água fluindo no leito de um rio. Imagine-se sentado à beira do rio. Você observa o fluxo da água, a vegetação ao redor das margens, o volume subir e baixar, sua temperatura. Esse é o sistema racional do conhecimento, e a relação entre o observador e o observado é a do "eu" e "ele". Se Joseph tivesse observado a fêmea de leão-marinho por alguns minutos, sem se conectar com a criatura, essa teria sido sua experiência.

Se por acaso, ao observar o rio, você caísse dentro dele, teria então um tipo diferente de conhecimento — o conhecimento pela experiência. Você está agora imerso naquilo que procurava saber. Isso faz você mergulhar no sistema mítico do conhecimento. Se abraçar esse sistema mítico e escolher ficar dentro do rio por um tempo, já não verá seu relacionamento com o rio como "eu" e "ele", mas como "eu" e "você". Joseph ficou naquela parte remota do México por quase catorze dias, sete deles em completa solidão. Sem distrações, sem contato com o mundo, focado apenas nas práticas que se destinavam a conectá-lo com a natureza, ele experimentou um diálogo sem palavras com a fêmea de leão-marinho e uma maneira de suas almas se relacionarem.

Ao se fundir com o rio e aprender a nadar até tudo se tornar uma gloriosa dança livre, você entra no terceiro nível de conhecimento, o sistema evolucionário. Nesse ponto, "eu" e "você" se tornam "nós". A intensidade da presença da fêmea de leão-marinho e a conexão que Joseph sentiu com ela criaram a abertura para uma profunda transformação de seu espírito, o que lhe permitiu se sentir por um momento em unidade com toda a natureza e tudo o que existe.

Chris Nichols descreve esse tipo de experiência como "um momento que nos toca e, com um suspiro, nos permite ver e sentir as maravilhas da intrincada teia da vida de que fazemos parte".

É fácil pensar que essas percepções não são nada além de visões distantes, desconectadas de nossa liderança, se em nosso trabalho passamos a maior parte do tempo dentro de um escritório, na selva de

O mundo natural pode nos proporcionar tanto perspectiva quanto conforto.

concreto. Ainda assim, como lembra Chris Nichols, devemos manter a consciência de que nós, humanos, formamos um subsistema contido em — e essencialmente dependente de — um sistema superior: a natureza. Infundir sua liderança com ecosofia — a sabedoria necessária para viver em harmonia com a terra — garante que as decisões que toma como líder não explorarão um de nossos mais importantes atores.

Que sua liderança venha de um lugar de unidade com a natureza.

Prática

Espero que por agora você esteja aberto para ver o parque de diversões que é a natureza como um grande catalisador para a clareza, a sabedoria e a criatividade. Quando estiver confrontado com decisões importantes ou à procura de novas soluções, passe um dia "borboletando" como Churchill, observando e apreciando a natureza. Então pergunte a si mesmo: o que a natureza faria?

Para os que estiverem prontos para uma experiência mais profunda, sugerimos passar um dia inteiro fazendo a Deep Time Walk na costa de Dartmoor, no Reino Unido.

Criada pelo dr. Stephan Harding, ecologista residente do Schumacher College, trata-se de uma caminhada lenta de 4,5 quilômetros, com cada um deles representando 1 bilhão de anos de história terrestre. Experimentar a história nessa escala é profundamente transformador.[4]

II. Você + Outros

Líderes constantemente precisam inspirar e arrebanhar outros para sua causa, e como tal a liderança é uma conversa contínua e multifacetada. No capítulo 5, vamos olhar para o que podemos aprender sobre comunicação a partir da Clipper Round the World Yacht Race, na qual doze iates cheios de amadores navegam em mar aberto por um ano. Exploramos como líderes podem garantir que estão a par do que acontece bem debaixo do seu nariz, e como conflitos e mal-entendidos podem ser resolvidos utilizando um método da cultura dos nativos americanos.

Quando grupos ou equipes se reúnem, seja em uma instituição, um movimento ou uma comunidade, uma pulsação emerge. No capítulo 6, vamos examinar a noção de cultura e trazer histórias de líderes que conseguiram criar culturas organizacionais nas quais as pessoas prosperam, e os resultados impressionantes que alcançaram.

Tradicionalmente, pensamos na liderança como um posto solitário. Com o surgimento de uma complexidade crescente na forma como as organizações funcionam, precisamos aposentar essa perspectiva e substituí-la por uma dedicação à tomada de decisões conjuntas e à verdadeira cocriação. Na Rainmaking escolhemos esse caminho, e no capítulo 7 compartilhamos o que tal abordagem nos ensinou desde nosso início, em 2006.

Todos nós sabemos que, em princípio, deveríamos dar antes de receber, mas às vezes nos falta motivação o bastante para realizar nossas boas intenções. No capítulo 8, reproduzimos uma história extremamente pessoal de altruísmo para ilustrar como todos temos a oportunidade e a capacidade de despontar como líderes na vida de alguém.

5. Domine a arte da comunicação

Em 22 de abril de 1969, quando Robin Knox-Johnston retornou a Falmouth, Inglaterra, em seu barco *Suhaili*, teve início uma nova vida para o marinheiro de trinta anos. Vencedor da renomada Sunday Times Golden Globe Race, Robin teve a honra de ser o primeiro homem no mundo a realizar uma circum-navegação do globo sozinho e sem escalas. A viagem levou mais de dez meses, e não foi pouca coisa. Um de seus concorrentes, Donald Crowhurst, cometeu suicídio devido ao longo isolamento. Knox-Johnston, longe de ser um homem rico naquele tempo, generosamente doou o dinheiro do prêmio à viúva e aos filhos de Donald.

Robin Knox-Johnston foi declarado comendador da Ordem do Império Britânico (CBE) em 1969 e nomeado cavalheiro em 1995 — um ano antes de lançar a Clipper Ventures, que desde então tornou possível a tripulantes amadores seguir seus passos e fazer a volta completa em torno do planeta.

A Clipper Round the World Yacht Race é como um esporte radical por si só. Qualquer pessoa acima de dezoito anos pode se inscrever. A viagem leva um ano inteiro e oferece aos participantes experiências extremas que a maioria de nós mal consegue imaginar. Os participantes podem esperar tempestades épicas no oceano Antártico, mares montanhosos no Pacífico Norte, longos períodos de sono muito limitado, nenhuma privacidade e lembranças para uma vida inteira.

Projetado como uma corrida, o evento agrega doze iates Clipper Race. Cada um tem um capitão experiente e uma tripulação de quinze a vinte "civis", que vão de taxistas, banqueiros de investimento e donas de casa a engenheiros, estudantes e jogadores de rúgbi.

A viagem rende lembranças para a vida inteira, sem dúvida, e quem sabe mais que isso? A Ashridge Business School teve a oportunidade de entrar nos bastidores para descobrir o que podemos aprender sobre liderança a partir do que acontece nos iates durante a Clipper Race. Os pesquisadores estavam curiosos para saber se havia uma fórmula vencedora, e como um capitão idealmente pensa e age para manter sua tripulação amadora segura e próspera sob condições tão severas.

O relatório foi publicado em 2013 e deixou claro que a comunicação era o fator fundamental de sucesso em meio aos longos períodos passados no oceano.[1] Os iates são idênticos, os capitães são todos especialistas no ofício e a rota é muito fácil de calcular. O que faz a diferença é como o capitão se comunica com sua equipe. Isso não apenas determina quem ganha a corrida, mas também define que tipo de experiência tanto tripulação quanto capitão viverão durante o ano no mar.

De certa forma, não é nenhuma surpresa. Todos sabemos que sempre que pessoas se reúnem ocorre comunicação — tanto verbal quanto não verbal. Provavelmente nos lembramos de muitos exemplos, sejam da família ou do trabalho, de quando a comunicação falhou, tornando o progresso impossível. Nós, humanos, nos desentendemos muito facilmente.

Ainda assim, seria possível argumentar que navegar um iate é uma tarefa muito específica, e que em meio a uma tempestade não pode haver espaço para sensibilidade quanto a como as pessoas falam umas com as outras — por isso, em circunstâncias extremas, parâmetros como potência muscular, registro da trajetória, superação e resistência se sobreporiam à comunicação como fatores determinantes. Mas não, a comunicação foi soberana mais uma vez — e é em grande parte o que cria e ativa os outros pontos fortes. Um iate com um capitão que soube se comunicar melhor com sua tripulação, por consequência, apresentou uma equipe mais resiliente, ágil e capaz. Essas descobertas podem servir como um bem-vindo lembrete de que em qualquer tipo de liderança a comunicação é indiscutivelmente a espinha dorsal de tudo o que fazemos.

Eis as cinco habilidades distintas que acreditamos serem a chave para uma liderança eficaz:

1. Inspirar, construir narrativas, arrebanhar e vender.
2. Compreender o que os outros dizem.
3. Resolver conflitos e mal-entendidos.
4. Ser aberto e transparente, inclusive sobre as coisas difíceis.
5. Criar um espaço onde os outros se sintam seguros para dizer a verdade.

Podemos chegar ao posto de líder sem dominar todas as cinco habilidades, mas as chances são muito maiores se deixarmos a casa em ordem primeiro.

Tornar-se um líder que seja ao mesmo tempo evangelista e construtor de narrativas é a meta mais óbvia e mais comentada no campo da comunicação, portanto são grandes as chances de que você já tenha lido alguns livros sobre o tema. Você aprendeu sobre técnicas de apresentação, *pitching*, estratégias de influência e a arte de vender. Provavelmente já ouviu o argumento de que, nos negócios, tudo se trata de saber vender; um líder está constantemente vendendo a visão, a empresa e os produtos aos investidores, funcionários, clientes e outras partes interessadas.

Sendo esse conjunto de habilidades tão importante, dificilmente é esquecido na literatura sobre liderança, então vamos passar ao segundo tipo de comunicação: o líder como ouvinte, e sua capacidade de trocar pontos de vista e promover a compreensão mútua.

Essa parte é bastante difícil para muitos de nós — e é comum que quanto mais pessoas estejamos conduzindo, pior seja a situação. Por quê? Porque com muitas pessoas para liderar haverá potencialmente mais conversas do que o volume com que podemos lidar. Em tese, deveríamos literalmente falar com todos na nossa instituição todos os dias, mas, assim que ela tem uma dúzia de membros ou mais, isso se torna impossível. Surge a falta de tempo típica dos negócios, o que significa que o líder precisa calibrar, a cada minuto, se esta ou aquela discussão ou reunião vale o tempo gasto.

Megan Reitz, diretora da Ashridge Business School, fez uma extensa pesquisa sobre o tema e escreveu o livro *Dialogue in Organizations: Developing Relational Leadership* [Diálogo nas organizações: Desenvolvendo liderança relacional]. Em minha entrevista com ela, Megan explica que líderes muitas vezes estão dialogando com seus funcionários e se percebem pensando em paralelo: "Esta conversa vale a pena?". É claro que, quando isso acontece, a maioria dos interlocutores sente que não está recebendo a devida atenção e se retrai.

Como líderes, podemos nos enganar pensando que nossa abordagem é eficaz; mantemos conversas bem curtas, e apenas alguns dos membros da nossa equipe nos "perturbam". O clichê "minha porta está sempre aberta" pode ser usado para nos proteger de críticas, e é muito fácil sinalizar nossas reservas e impaciências de maneira sutil, mas eficaz: um olhar distante, rápidos meneios, uma olhada para o relógio, um sorriso contido. Estamos muito ocupados e em breve só vamos ouvir aquilo que queremos ouvir. Ao fim, não teremos pistas do que realmente se passa na cabeça das outras pessoas.

Até que ponto você acha que seu líder realmente compreende sua perspectiva, seus pontos de vista e suas ideias? E quanto às pessoas que você lidera? Você sabe o que está na mente delas, o que as faz perder o sono à noite, o que acreditam que pode ser feito para melhorar o desempenho da organização?

É fácil interromper a comunicação. É muito mais difícil promover conversas genuínas que levem à compreensão mútua e a um poderoso compartilhamento de conhecimentos.

Eu e meus sócios tivemos a sorte de descobrir *Os 7 hábitos das pessoas altamente eficazes*, do professor Stephen R. Covey, no mesmo ano em que começamos a Rainmaking. Todos ficamos muito entusiasmados com a estrutura simples e incrivelmente poderosa de Covey, especialmente o princípio "procure primeiro compreender, para depois ser compreendido". Covey explica como as coisas vão para o brejo quando as várias partes de uma conversa tentam provar seu ponto de vista ao mesmo tempo. No entanto, isso é o que mais acontece — particularmente em ambientes organizacionais onde o tempo é escasso e queremos ser produtivos e eficientes. Ficamos de ouvido atento a uma deixa para que possamos entrar e oferecer nossa própria perspectiva sobre o assunto. Essa não é uma conversa de verdade. Os nativos americanos sabiam disso e usavam um "bastão falante" para lidar com a tendência humana de se ocupar demais apenas com os próprios pensamentos e crenças. É uma ótima ferramenta para resolver conflitos e mal-entendidos.

R. Ed Freeman, filósofo norte-americano e professor de ética empresarial na Universidade da Virgínia, incentiva seus alunos e clientes a usar o conflito e a polarização — definida como "opostos interdependentes"[2] — como uma forma de criar mais valor. Ele chama isso, que começa com a compreensão das perspectivas conflitantes, bem como de suas tensões intrínsecas, de "conflito construtivo".

O bastão falante funciona da seguinte forma: apenas a pessoa que o segura tem permissão de falar. Os ouvintes têm que ficar atentos e em silêncio, sem mostrar sinais de impaciência ou desaprovação. Somente quando a pessoa que está falando não tem mais nada a dizer sobre o assunto o bastão é passado. O método assegura que todos sejam ouvidos e ninguém seja interrompido, intimidado nem ignorado.

Covey acrescentou uma dimensão importante para tornar o método adequado à resolução de conflitos difíceis: quando se ouviu a pessoa com o bastão falante, deve-se ser capaz de repetir o que ela acabou de dizer. Isso pode parecer fácil, mas a pessoa que falou tem que concordar que você entendeu a mensagem. Se houver um grave desacordo no ar, é porque a primeira tentativa foi malsucedida. Você vai ouvir "Não, não, não é isso que estou dizendo" algumas vezes antes de acertar.

O que é mágico sobre essa abordagem é que, no momento em que internalizamos que sucesso é entender profundamente o que nos está sendo comunicado, mudamos nosso foco e passamos a ouvir de verdade. Onde nossa natureza competitiva antes levava a nos concentrarmos em transmitir nossa própria mensagem, agora trabalhamos duro para compreender os outros — o que é uma diferença notável!

É claro que seria possível falar muito mais sobre entender o que os outros querem dizer de verdade e sobre resolução de disputas e conflitos. Contudo, se internalizar essa lição simples mas poderosa — procure primeiro compreender, para depois ser compreendido —, ela vai fazer maravilhas por suas habilidades de comunicação como líder.

Vamos agora passar à terceira habilidade: ser aberto e transparente, especialmente diante das coisas difíceis. Embora isso possa soar fácil — "basta ser honesto" —, na verdade é extremamente polêmico e está a léguas de distância do que acontece na maioria das instituições hoje, quer se trate de start-ups, empresas, ONGs ou gabinetes governamentais.

Comecemos pelas start-ups: quantos fundadores você acha que se atrevem a ser francos com a equipe quanto ao financiamento chegando ao fim, ou pior, quanto a compartilhar más notícias com os investidores? Um equívoco comum é que, como fundadores, devemos ser sempre otimistas, e que quando as pessoas perguntarem como vai nossa start-up, a única resposta certa são variações de "incrível".

Há um grande problema com essa crença. Ela presume que os membros de uma equipe e os investidores são tolos ou ingênuos — o que obviamente não é verdade. O fato é que não podemos enganar ninguém, então melhor parar de tentar. A confiança desaparece imediatamente quando as pessoas sentem que não estamos sendo honestos. Elas podem não saber exatamente onde o fogo está, mas vão notar a fumaça. Ninguém gosta de ser mantido no escuro, e o resultado é uma queda drástica na motivação.

Eu sei, por experiência própria, que, desde que façamos nosso melhor e sejamos completamente honestos e respeitosos, discutir temas difíceis com as partes interessadas apenas fortalece os relacionamentos. Cerca de metade dos negócios que fundei durante os últimos dez anos teve que ser fechada, o que resultou em pessoas sendo demitidas e investidores perdendo dinheiro. Ainda assim, os membros da equipe e os investidores continuavam a acreditar em mim, muitas vezes aceitando outro emprego que eu tenha oferecido ou investindo no meu próximo empreendimento. Eles sabiam que não havia má intenção, que todos trabalhávamos duro em algo que valia a pena e que recebiam informações completas — especialmente quando as coisas iam mal.

Minhas equipes sempre tiveram acesso completo aos livros das empresas. É muito mais fácil fazer com que todos lutem pela rentabilidade quando conhecem o orçamento e compreendem a declaração do resultado do exercício (DRE). É legítimo recear que a motivação seja prejudicada quando o financiamento está se esgotando e as pessoas começam a se preocupar com seu emprego. Os fundadores não devem sentar à mesa e chorar diante de um quadro natural para uma start-up, mas sair para conversar com os investidores e ser uma voz de esperança na equipe. Todo mundo sabe que uma start-up pode afundar. É pior estar nesse barco se o capitão tentar encobrir o fato de que a água está entrando do que se ele estiver lá fora, no convés, explicando a todos o que acontece e tomando a dianteira na resolução do problema.

Esse princípio não se aplica apenas às start-ups. Chip Conley era fundador e CEO de uma cadeia de hotéis, a Joie de Vivre, havia 21 anos. Em 2008, conforme a crise financeira se agravou, a expansão da empresa não poderia ter vindo em hora pior. Depois de construir prudentemente seu negócio ao longo de anos, Chip tinha iniciado uma expansão muito rápida, abrindo quinze novos hotéis em menos de dois anos. Ele agora tinha 3500 funcionários e uma base de custos enorme em uma indústria que se mostrava particularmente sensível à crise econômica.

Chip se recorda com clareza de uma ocasião em novembro de 2008, quando estava indo para o palco diante dos oitenta maiores gerentes de sua organização. Poucos dias antes, dois de seus colegas na diretoria executiva o encorajaram a proferir um discurso que animasse os gerentes, que encontrasse uma maneira de deixá-los felizes novamente. "Naquela época, eu podia ver que o sentimento de desespero na empresa era enorme", lembra Chip.

Ele escreveu um discurso de líder de torcida. Mas, cinco minutos antes de proferi-lo, entregou o papel a uma colega da diretoria ao seu lado. "Por favor, guarde esse discurso", ele pediu. "Pode ser que eu precise dele mais tarde, mas não hoje." Chip se sentiu péssimo pela situação em que se encontravam, e seu instinto lhe disse para ser honesto ao invés de falso.

Três meses antes, Chip tinha sofrido um ataque cardíaco que o levara a uma assistolia — a perda completa dos batimentos. Ou melhor, a nove assistolias num período de noventa minutos, de acordo com os médicos. Com uma nova perspectiva adquirida, Chip não tinha mais medo de estar vulnerável. Ele se postou diante de seus oitenta gerentes e, para enorme surpresa de todos, começou dizendo: "Dois mil e nove vai ser um ano terrível...". Chip explicou que eles haviam se metido em problemas e admitiu que ainda não sabia qual seria a solução. Falou sobre sua assistolia, que até agora tinha sido mantida em segredo. E apontou os elefantes na sala: medo e ansiedade.

"Em vez de dar às pessoas açúcar ou café como compensação, falei sobre como poderíamos criar significado em conjunto. Sobre como precisávamos solucionar aquilo como equipe", disse Chip em nossa entrevista. A mensagem que ele passou foi de que tudo bem ser vulnerável, de que naquela empresa a verdade era bem-vinda, mesmo se não fosse particularmente alegre. Chip demonstrou confiança em seus colegas. Falou sobre como até em meio a tudo aquilo ainda acreditava que, graças às pessoas incríveis envolvidas com a empresa, eles iriam encontrar uma maneira de atravessar a crise. E encontraram. Em junho de 2010, o negócio tinha se recuperado de forma impressionante, e depois de 24 anos Chip vendeu a Joie de Vivre Hotels e passou para novas aventuras. Hoje, olhando para trás, ele não tem dúvidas de que ser honesto naquele dia em novembro de 2008 foi a escolha certa, e constituiu um ponto de virada na atmosfera e na cultura da empresa.

Transparência e abertura são uma via de mão dupla, e também é responsabilidade do líder fazer as pessoas que conduz se sentirem seguras o suficiente para serem brutalmente honestas com ele.

No outono de 2015, a Volkswagen estava em todos os noticiários com o escândalo "Dieselgate", devido ao prolongado uso de um software sofisticado que fraudava seus motores para passar, ilegalmente, nos testes ambientais. Depois de uma longa e gloriosa carreira, o presidente e CEO Martin Winterkorn foi forçado a entregar o cargo em meio à vergonha. Apenas um ano depois que a *Forbes* o tinha nomeado a 58ª pessoa mais poderosa do mundo, o engenheiro, médico e Ph.D. de 68 anos passou do sonho ao pesadelo, e ainda podia esperar investigações criminais nos anos a seguir. Não era exatamente o legado e a aposentadoria que ele imaginava. Antes do escândalo, Winterkorn parecia bem-sucedido em sua ambição de tornar a Volkswagen a maior fabricante de carros do mundo. Em vez disso, as ações da empresa haviam despencado, e milhões de carros voltavam às fábricas em meio ao recall. Alguns previam até mesmo que toda a imagem alemã de qualidade e credibilidade seria grandemente prejudicada pela fraude inescrupulosa.

Martin Winterkorn afirmou que não tinha conhecimento do enorme esquema que acontecia bem debaixo de seu nariz. Ao que analistas, especialistas e a mídia responderam que, se era o caso, então o CEO não estava fazendo seu trabalho corretamente. Um CEO deve saber o que se passa em sua empresa. Em muitos países, a legislação enfatiza esse princípio, como explica o guia jurídico para CEOs nos Estados Unidos elaborado pela Chief Executive Research: "É fundamental entender que o CEO não precisa ter conhecimento real ou participação na atividade criminosa — a mera autoridade para exercer controle sobre a situação que levou à violação criminal é suficiente".[3]

Como, no papel de líderes, podemos garantir que as más notícias cheguem até nós? Isso começa com perceber que, quando se trata de fluxo de informação, líderes estão na periferia da organização, não no centro. Megan Reitz menciona um líder que ela estava treinando que tinha o objetivo de se tornar diretor-administrativo. Ele o alcançou, mas então ficou surpreso ao descobrir que apenas duas horas depois de sua promoção ter sido anunciada todos os colegas com quem costumava se encontrar e conversar tinham achado novos lugares no escritório por onde circular.

Megan explica: "Em muitos aspectos, o líder sabe muito pouco do que realmente está acontecendo na organização. Para os funcionários, sempre haverá uma sensação de perigo em compartilhar informações com uma pessoa que detém o poder sobre sua carreira". Segundo Megan, como líderes precisamos ser realmente bons em nos colocar lado a lado de nossos colegas, criando um espaço onde se sintam seguros para expressar abertamente suas preocupações e opiniões.

Uma coisa é criar essa atmosfera em uma conversa, outra bem diferente é mostrar que se honra essa confiança com suas ações subsequentes. Se dizer a verdade se mostrar um erro terrível, então esteja certo de que no futuro você será — como Martin Winterkorn afirma ter sido — o último a saber.

Somente se nos mantivermos humildes, curiosos e agirmos com a máxima integridade, poderemos, como líderes, criar um ambiente que convide nossos colegas a expressar suas verdades.

Prática

Da próxima vez que estiver lidando com conflitos ou desentendimentos, experimente pôr em prática o princípio "procure primeiro compreender, para depois ser compreendido".

Pense em alguém na sua organização com quem você normalmente não entra em assuntos mais sérios. Estabeleça como missão ter uma conversa em que você aprenda pelo menos três coisas novas que podem ser usadas para melhorar o desempenho da organização.

Pratique ser aberto e transparente. Quando você sente que alguém pode se beneficiar de uma informação que possui, compartilhe-a ao invés de guardá-la. Tenha fé de que não perderá nada agindo assim.

6. Defina suas margens

Nenhuma discussão sobre liderança seria sólida sem abordar a questão cultural. Sabemos disso intuitivamente — não importa se trabalhamos nos Estados Unidos corporativos ou em uma start-up em Nova Delhi. Sempre que pessoas se reúnem em grupos ou organizações, surge uma pulsação comum.

Mas o que é cultura, como podemos criá-la, e — mais importante — como podemos aprimorá-la?

Cultura é um conceito enganosamente simples. Sempre que pessoas estão reunidas, ela surge. É inevitável. Como as células de um organismo, colidindo, agarrando-se e rompendo-se em um processo interminável de criação e destruição, fazemos nascer cultura a cada momento. Não há como escapar desse processo. E, quanto mais tempo passamos imersos em determinada cultura, boa ou má, mais começamos a internalizá-la e reproduzi-la. Cultura é uma coisa dinâmica e viva. Isso significa que ela pode ser ajustada, aprimorada e intencionalmente criada. Mas é preciso uma liderança consciente para que isso aconteça.

Como criar uma cultura organizacional é mais complexo e desafiador, vamos olhar para a cultura no contexto corporativo. No entanto, os mesmos princípios se aplicam aos nossos cenários sociais e a todas as demais formas pelas quais nos identificamos como seres humanos.

Com a ressalva de que nenhuma empresa é perfeita, e de que todos os líderes estão em um contínuo, aprendendo e evoluindo, nos parágrafos a seguir vamos ver como dois deles conseguiram criar organizações extraordinárias. Ambas as empresas operam em mercados muito duros — varejo e hospedagem —, sem dúvida os mais difíceis para criar culturas focadas na felicidade dos funcionários. Esses dois líderes fizeram da cultura e das pessoas suas vantagens competitivas. Portanto, vamos dar uma olhada em seu trabalho.

Na primavera de 2005, ao fim de um relacionamento de seis anos com minha namorada dos tempos de universidade e mal tendo a tinta da assinatura do meu divórcio secado, comecei a procurar uma nova casa. Além do estresse psicológico causado pela transição, eu me vi diante de um desafio prático. Como encaixar tudo em minha casa nova significativamente menor? Então, um dia, um amigo me levou à The Container Store, na Wisconsin Avenue, em Washington, DC. Eu ainda me lembro de como me senti, entrando na loja espaçosa e arejada, que parecia ter de tudo que alguém poderia precisar para colocar até mesmo a mais caótica vida em ordem. Os funcionários foram amistosos e atenciosos, e os produtos eram encantadores. Sei que parece estranho dizer isso de produtos de armazenamento e organização, mas, naquela época da minha vida, descobrir essa loja foi realmente emocionante. Mais tarde, aprendi que minha experiência naquele dia foi o resultado de uma cultura corporativa intencional e amorosamente arquitetada.

Fundada em 1978 com a missão de "ajudar as pessoas a organizar e simplificar sua vida", a Container Store vem desde então emprestando ordem ao nosso mundo moderno cada vez mais caótico, e se tornou uma espécie de modelo para organizações centradas no empregado nos Estados Unidos. Como e por que eles fizeram isso?

Uma manifestação dessa filosofia foi a ideia de renomear o Dia dos Namorados de "Dia do Amamos Nossos Funcionários". Nesse dia, a liderança da empresa distribui chocolates e presentes, dizendo aos funcionários quanto são amados. Mas há também a questão financeira: eles pagam radicalmente mais do que qualquer um de seus concorrentes — pense em salários anuais médios de quase 50 mil dólares em comparação com uma média da indústria varejista de 24 mil dólares em 2013.[1] Se você conhece a indústria varejista, especialmente a dos Estados Unidos, sabe que isso é bastante notável.

No entanto, como todos sabemos, ainda que o dinheiro seja um fator importante de motivação, não é o mais importante. Em seu TED Talk "O poder da motivação", o autor best-seller Daniel Pink esboça três motivadores intrínsecos: autonomia, domínio e propósito. De alguma forma, em sintonia com nossa necessidade intrínseca de sermos realmente bons no que fazemos, as pessoas por trás da Container Store sempre investiram no treinamento de seus funcionários. São mais de 260 horas treinando funcionários de tempo integral em temas como liderança, habilidades operacionais, conhecimento do produto, design de espaço etc. Todas essas lições são importantes para garantir que seu pessoal alcance um bom nível de domínio e conforto em seu trabalho. No processo, é claro, eles se tornam mais dedicados à empresa e permanecem por mais tempo — alguns até mesmo por toda a carreira. A taxa de rotatividade de funcionários na indústria varejista dos Estados Unidos é de 100% ao ano, o que significa que um funcionário permanece em média esse tempo na empresa. Na Container Store, esse número é de apenas 10%. Com esse éthos, não é surpresa descobrir que a companhia esteve por quinze anos na lista da revista *Fortune* das 100 Melhores Empresas para se Trabalhar. Lembre-se, estamos falando de varejo.

Você pode argumentar que essa ênfase fanática em cuidar de funcionários só pode ser alcançada em empresas pequenas, nas quais o líder pode levar sua presença e sua visão para o local de trabalho todos os dias. Naturalmente, há algum sentido nesse argumento. É muito mais fácil manter sua visão e seu propósito vivos e permeando a organização quando você pode estar todos os dias nas trincheiras com seus empregados. Mas cuidar dos funcionários não deixou de ser importante para a gestão da Container Store conforme a empresa cresceu. Muito pelo contrário: tornou-se ainda mais vital encontrar uma maneira de aumentar na mesma proporção a cultura que haviam criado nos primórdios. Com 6 mil funcionários espalhados por setenta lojas em 26 estados dos Estados Unidos, é fácil entender por que somos inspirados pela Container Store e pela liderança de seu CEO, Kip Tindell.

Hoje, caixas de sua primeira coleção estão em exibição permanente no Museu de Arte Moderna. Sua sede, anexada a um armazém de 1,1 milhão de metros quadrados, situa-se orgulhosamente em frente a um armazém da Amazon.com em uma área industrial perto do Aeroporto Internacional de Dallas/Fort Worth. Mas o começo foi muito mais humilde. Apaixonado por organizar as coisas desde a juventude, Kip Tindell lançou a empresa junto com Garrett Boone, seu supervisor em seu primeiro emprego no setor de varejo, como vendedor de tintas em uma loja da Montgomery Wards. Desde o início eles queriam contratar pessoas que gostassem de trabalhar em equipe, pagar bem a elas e ser transparentes quanto às finanças da empresa. "Estamos vendendo caixas vazias", diz Kip em uma entrevista para a Bloomberg. "Precisamos de um empregado mais instruído, motivado e treinado para conseguir que um cliente compre doze itens para organizar uma área de brinquedos em vez de apenas um."[2]

Pedimos a Kip para compartilhar algumas histórias que o inspiraram a ser o líder que ele é hoje.

"Mais de quarenta anos atrás, ouvi Herb Kelleher, o lendário cofundador da Southwest Airlines, dizer: 'Uma empresa é mais forte se for unida pelo amor do que pelo medo'. Quando ouvi essa frase, fui completamente tomado por ela. Eu sabia instintivamente que era assim que eu queria liderar minha própria empresa", lembra Kip.

Kip e seus sócios começaram a criar um negócio construído sobre a visão de que uma empresa é mais forte se conectada por amor, em vez de por medo. Uma empresa cuja cultura é focada em cuidar de seus funcionários e que se certifica de que todos aqueles associados a ela prosperem.

Kip realmente acredita que o que eles estão fazendo na Container Store muda vidas. Não só a vida de seus funcionários, mas também a de outros grupos relacionados, como clientes, fornecedores e a comunidade em geral. O propósito da gerência é na verdade uma vocação. "Existe algo zen na organização", costuma dizer Kip. E o que ele descobriu ao longo do caminho foi que não fazer do lucro sua prioridade número um acabou por tornar a empresa mais rentável.

Pode não ser possível enxergar a cultura da empresa, mas dá para senti-la quando se atravessa a porta.

É esse *je ne sais quoi*, algo intangível, que os restaurantes de Danny Meyer têm de sobra.

Nascido e criado em St. Louis, Missouri, ele cresceu em uma família que forneceu o ambiente acolhedor em que se desenvolveu sua paixão por comida. As extensas viagens de seu pai expuseram Danny a diferentes culturas, tipos de culinária e formas de vida. Ele teve sua primeira experiência no ramo de restaurantes como administrador-assistente no Pesca, um restaurante italiano em Nova York, que o inspirou a estudar culinária na Itália e na França. Danny abriu seu primeiro restaurante, o Union Square Cafe, em 1985, aos 27 anos. Foram necessários nove anos de dedicação para dominar o negócio e então abrir seu segundo restaurante, o Gramercy Tavern.

Ele sempre acreditou que o papel de um restaurante é mais do que apenas colocar boa comida no prato. "É também garantir que as pessoas estejam um pouco mais felizes quando saem do que quando entraram", diz Danny.

Quando questionado sobre seu primeiro ano como restaurateur em um mercado competitivo como o de Nova York, Danny diz: "Nada foi mais importante do que me cercar de uma equipe incrível e agradar aos clientes. Meu primeiro ano inteiro foi tentar provar que uma equipe de pessoas bacanas buscando agradar a quem vinha era a receita para o sucesso do restaurante".

Avançando no tempo até os dias de hoje, a empresa de Danny, Union Square Hospitality Group (USHG), dirige onze restaurantes, incluindo cinco dos vinte melhores de Nova York. Seus restaurantes e chefs ganharam 25 James Beard Awards, e alguns de seus estabelecimentos têm mais de uma estrela Michelin.

Mas não foram os prêmios que chamaram a atenção de uma brilhante estudante de doutorado da NYU Stern School of Business. O relacionamento de vinte anos de Susan Reilly Salgado com a USHG começou como cliente no primeiro restaurante de Danny, o Union Square Cafe. Fascinada pela cultura e pela hospitalidade que experimentou, ela convenceu Danny a permitir que fizesse sua dissertação sobre a cultura organizacional da USHG. Mais tarde, em 2003, ela ingressou na empresa como a primeira diretora de cultura e aprendizagem. Em 2010, com Danny, lançou o Hospitality Quotient, o braço de aprendizagem e consultoria da USHG.

Em sua pesquisa, Susan descobriu que Danny contrata pessoas de acordo com o que ele chama de "quociente de hospitalidade", um conjunto de traços psicológicos, incluindo calor otimista, vontade insaciável de aprender, forte ética de trabalho, empatia, autoconsciência e integridade. Ele garante que os funcionários tenham todas as habilidades necessárias para dominar seu trabalho. Só então serão capazes de manifestar seu maravilhoso conjunto de traços de personalidade, seu "quociente de hospitalidade".

Pedimos a Susan que nos ajudasse a entender o conceito intangível de cultura organizacional. "A cultura é um sistema compartilhado de valores, crenças, normas e comportamentos aceitos. A parte do compartilhamento é o elemento mais crítico. Quando os líderes não definem uma cultura, o grupo a define com os valores, crenças e comportamentos que estão dispostos a tolerar uns nos outros", explica.

Metáforas são uma ótima maneira de refletir sobre os fenômenos dos negócios, fornecendo certo grau de perspectiva. Susan diz que a metáfora mais usada na USHG para ajudar os novos gerentes a entender a noção de cultura é o rio. Imagine a água em um rio representando as pessoas que fazem parte da organização. Há espaço para todos nadarem livremente, serem criativos e expressarem seus distintos eus. Mas a água flui em uma só direção, e não deve passar para as margens. Os limites da cultura são representados por elas.

Colocando em um contexto mais amplo: se seguimos o fluxo e refluxo do rio, veremos que todos acabam por desaguar no mar ou no oceano. Da mesma forma, a cultura que criamos em nossas organizações flui para o corpo mais amplo de nossas paisagens econômicas e sociais. Como tal, a cultura que você cria em sua organização é importante não apenas para seus funcionários e partes interessadas. Ela gera uma sociedade e um mundo melhores.

Essa é uma lição que todo líder e todo *aspirante* a líder deve aprender.

Prática

Seja ou não você o líder da organização onde passa suas horas de trabalho, reserve um momento para se identificar e se conectar com a pulsação dela.

Preste atenção. Então reflita sobre as seguintes perguntas:

- Como se sente ao chegar ao trabalho todos os dias, principalmente na segunda-feira de manhã?
- Existem comportamentos que não servem ao bem maior das pessoas que trabalham na sua organização?
- Como você projetaria a cultura de sua organização?
- Que tipo de comportamentos gostaria de promover?

No papel de líder, moldar a cultura da sua empresa — definindo as margens do rio — será uma das tarefas mais importantes. Comece com uma prática simples mas poderosa, como uma das práticas de redefinição de cultura comuns na rede Whole Foods.

Os CEOs John Mackey e Walter Robb procuram promover uma cultura de apreciação na empresa. Eles acreditam que demonstrar e ser alvo de apreço tem o poder de mudar a consciência. Assim, ao final de todas as reuniões, reservam um tempo para a "apreciação voluntária".

"Ao terminar as reuniões com apreço, podemos afastar as pessoas de suas posições de julgamento e retornar ao amor", diz John Mackey.[3]

Parece simples demais? Faça uma experiência: contemple o poder de um grupo de pessoas se unindo e trazendo à vida o propósito e os valores de sua organização.

7. Tomar decisões é um esporte coletivo

Uma empresa pode ser dirigida por seis CEOs? Antes de responder, considere isto:

Quando começamos a Rainmaking, nos idos de 2006, nenhum de nós fundadores achou que deveria estar acima dos demais no comando. Hoje já faz uma década que temos agido em conjunto e tomado todas as decisões importantes coletivamente. Isso pode soar ineficiente e hippie demais para você, mas dê uma olhada em nós seis e acho que você vai concordar que não somos nem uma coisa nem outra. O truque é perceber quem é o líder natural em cada situação, e passar sem maiores complicações — às vezes em poucos minutos — da posição de líder à de seguidor.

Um de nós é um mago dos números, portanto ele naturalmente toma a iniciativa quando fazemos orçamentos, relatórios financeiros e conversamos sobre quais modelos de negócio fazem mais sentido.

Outro dos cofundadores é o cara da tecnologia, então, quando estamos elaborando um algoritmo para extrair informações de milhares de sites e apresentar perfeitamente ao usuário, ele se coloca na linha de frente.

Quando tomamos decisões estratégicas para o negócio esmiuçamos tudo, e usamos nossa experiência e nossa inteligência combinadas para analisar os prós e os contras, trabalhando para chegar a uma decisão conjunta. Jamais foi necessário votar. Sempre conseguimos chegar a uma conclusão com a qual todos nos sintamos confortáveis.

Você pode chamar isso de liderança coletiva, poder de decisão distribuído, liderança situacional ou o que for. O importante é entender.

Embora não seja controversa para nós, a escolha de não ter um CEO único tem intrigado, e até mesmo incomodado, muitos dos que encontramos ao longo do caminho. O pensamento tradicional, ao que parece, é de que qualquer organização, seja sem fins lucrativos, uma empresa comum, uma cidade ou um país, precisa ter uma pessoa — e apenas uma — que seja responsável em última instância. Um navio só pode ter um capitão, certo? Os argumentos que as pessoas usam para explicar essa velha convicção são:

- Se houver mais de um capitão, eles vão começar a discutir sobre como lidar com uma tempestade, a hora de zarpar pela manhã e como lidar com um membro desobediente da tripulação. Vai ser o caos!
- Com mais capitães, como a tripulação saberá a quem pedir instruções e quais ordens seguir? É necessário haver uma cadeia de comando clara.
- Um bom capitão sabe como fazer sua equipe se engajar e quando pedir ajuda, de modo que não há necessidade de mais de uma pessoa no topo.

Embora esses sejam argumentos válidos, não são a única verdade. As pessoas hoje são muito mais conscientes, colaborativas e educadas do que quando a regra "um navio, um capitão" se tornou a norma. Eis as três principais vantagens que temos colhido de nossa prática incomum:

1. Decisões melhores

Acreditamos que as decisões que você faz ao negociar com um grupo de iguais são melhores do que aquelas feitas por apenas uma pessoa. Sim, com sorte um CEO único escutará todas as informações antes de chegar a uma conclusão, mas na ausência de uma hierarquia formal existe maior possibilidade de que o foco esteja na força dos argumentos, e não em quem os está expondo.

2. Mais compromisso

Quando tomamos uma decisão em conjunto e nos dirigimos ao mundo para implementá-la, fazemos isso com autêntico compromisso. É nossa própria decisão, não algo imposto. Você se lembra de uma situação em que não concordou com as ordens que precisava executar? Como isso fez você se sentir? Você aplicou honestamente toda a sua criatividade e todo o seu comprometimento para que a solução tivesse êxito ou foi burocrático? Eu sei o que fiz quando me vi preso a uma hierarquia tradicional.

3. Elevação do moral da equipe

Um subproduto natural da autoridade distribuída é a elevação do moral da equipe, apesar de a sabedoria popular dizer o oposto. Em nosso caso, nós seis estamos lado a lado, e nossos colegas apreciam isso de verdade. Em trabalhos anteriores, muitas vezes eles experimentaram agendas secretas de liderança, política e traições.

* * *

É importante lembrar que liderança coletiva ou situacional ainda é liderança, e nenhum de nós seis pode simplesmente se sentar e ficar olhando confuso para os outros. Se ninguém se movimentar naturalmente para assumir a liderança, precisamos abordar a questão, e verificar se há um líder dedicado e inspirador para cada tarefa e situação importantes. Na maioria das vezes isso não é um problema, mas ocasionalmente é. Como no caso do site da Rainmaking. Como gerimos muitos negócios, adquirimos o hábito de nos concentrar apenas nos sites de nossos projetos individuais e de renunciar à oportunidade de contar uma história convincente e atualizada no endereço da companhia-mãe. Nenhum de nós assumiu a liderança. Apenas recentemente corrigimos o que havia sido um erro da nossa parte. No entanto, teve mais a ver com nossa curva de aprendizagem do que com o modelo de liderança coletiva em si.

Nossa empresa é pequena, com uma equipe de cerca de trezentos membros, mas organizações maiores estão adotando novas estruturas de liderança também. Recentemente, a varejista on-line Zappos, de propriedade da Amazon, fez manchetes com seu compromisso de se tornar uma holacracia, forma de organização sem hierarquia e sem títulos. Catorze por cento da força de trabalho de 1800 pessoas pediu demissão como resultado da mudança radical, mas o fundador da empresa, Tony Hsieh, continua comprometido com a experiência.

Muitos de nós provavelmente nos perguntamos em algum momento por que precisamos ter um chefe. Talvez depois de ficar frustrados por não poder tomar nossas próprias decisões. É possível que no futuro de fato não precisemos deles, em empresas como a Zappos.

A liderança coletiva exige determinada estrutura e disciplina para funcionar. Como dinamarquês com um escritório a um quilômetro de Christiania, um dos maiores experimentos do mundo em organização plana, estou consciente de que ela pode fracassar. Na década de 1970, um grupo de livres-pensadores, radicais culturais e hippies da primeira geração se esgueirou sob uma cerca e entrou em uma área militar abandonada. Lá essas pessoas começaram a construir um estado dentro do Estado, onde as leis normais não se aplicavam, onde ninguém pagava impostos sobre a propriedade e onde todas as decisões deviam ser feitas em conjunto. A tomada de decisões acontecia em uma reunião semanal em um grande armazém, onde todos, pelo menos em teoria, tinham permissão para apresentar livremente seus pontos de vista.

Rapidamente, isso resultou em reuniões intermináveis, onde em última instância nenhuma decisão real era tomada, e assim se formou uma hierarquia alternativa. Isso significa que hoje o poder é compartilhado entre um pequeno grupo de "christianitas" radicais e outro grupo igualmente pequeno de traficantes de drogas, e o lugar não é nem seguro, nem divertido nem livre-pensante.

Naturalmente, não se pode apenas esperar que centenas de pessoas apareçam em um armazém e sejam capazes de tomar decisões coletivas significativas. Mas foi um pensamento interessante. Hoje, com os avanços tecnológicos, experimentos como Christiania realmente têm uma chance de sucesso. Você já ouviu falar de *democracia líquida*?

A democracia "direta" se desenvolveu na Grécia antiga, onde os "homens livres" (mulheres e escravos não eram levados em conta) se reuniam num anfiteatro ou numa colina. Lá eles assistiam a palestras, debatiam uma questão e, ao fim, votavam sobre a decisão a ser tomada. À medida que nossas comunidades, cidades e países cresceram, essa forma de democracia direta deixou de ser viável. Então inventamos a democracia representativa.

Hoje, raramente temos voz direta num assunto político específico. Em vez disso, legamos aos políticos que elegemos a tomada de decisão. Isso muitas vezes leva a sentimentos de falta de poder. Também transforma a política em um jogo disfuncional de indivíduos lutando intensamente para ser bem-vistos e para desacreditar seus rivais. Uma vez que raras vezes concordamos em tudo com qualquer candidato, a maioria de nós acaba, na realidade, escolhendo o de que mais gosta — e com quem concorda sobre o maior número possível de tópicos. Assim, votamos mais nas pessoas do que nas decisões. Não é sem razão que Sir Winston Churchill disse: "A democracia é a pior forma de governo, com exceção de todos as outras". Agora, está surgindo uma nova forma de governança que pode mudar completamente o modo como lideramos nossas sociedades.

Vou dar um exemplo de democracia líquida em ação:

Cerca de uma centena de pessoas querem organizar um festival. Elas não têm nenhum líder formal e querem liderar coletivamente o evento. No entanto, há um monte de decisões a serem tomadas: que local escolher para o festival, que atividades acontecerão, quantos dias vai durar, o que vai ter para comer etc. Há muito trabalho a ser feito, e é necessário coordenação. Se você fosse ao festival, provavelmente haveria alguns tópicos sobre os quais teria uma opinião formada. E decisões que ficaria satisfeito de deixar a cargo de outra pessoa. Não qualquer pessoa, mas alguém em quem você confiasse que estivesse bem informada sobre o assunto.

Para esse festival, foi usado um software que fazia uma pergunta básica a cada cenário: "Em quem você confia para tomar essa decisão?". A pessoa que obteve o maior número de votos assumiu o controle sobre o assunto específico. Também foi possível votar diretamente em uma decisão — e as pessoas foram incentivadas a fazer isso para as questões em que elas próprias eram a pessoa em quem mais confiavam.

Se tivéssemos um sistema como esse em nível nacional, eu sei em quem confio para fazer a política do país em matéria de educação. E quem eu gostaria que planejasse nossa política externa. Sobre temas relacionados a empreendedorismo, eu votaria diretamente nas decisões — porque sinto que esse é meu território e tenho opiniões bem definidas sobre o assunto.

Assim, embora possa parecer louco que seis pessoas gerenciem coletivamente um negócio, ou que a Zappos dê uma chance à holacracia, no futuro não tão distante entidades muito maiores, como cidades ou países, podem ser conduzidas muito mais colaborativa e diretamente do que hoje.

Só porque fomos acostumados a uma forma de liderança durante séculos não significa que ela é a única. Pelo contrário, pode significar que estamos maduros para uma mudança radical. Juntos somos melhores, e não estamos juntos de verdade se uma pessoa tem mais estrelas em seus ombros do que o resto de nós.

Dizem que é solitário e frio lá em cima, mas, em vez de tentar compensar isso apenas olhando para a vista e instalando um monte de aquecedores, por que não levar mais pessoas para o topo?

Prática

Identifique uma decisão importante que você tem que tomar no futuro próximo. Quem estaria mais apto a tomar essa decisão junto com você — não por causa de sua autoridade formal, mas por causa de suas competências e de sua sabedoria? Envolva essas pessoas no processo de tomada de decisão e confie que o resultado será o melhor possível.

8. Aumente seu apetite por altruísmo

Uma das poucas lembranças vívidas que tenho de minha infância, em uma fazenda de ovelhas, é ficar de pé no meio de um campo grande e extenso, com os braços abertos e os olhos fechados, querendo estar em qualquer outro lugar que não ali. Era um sentimento completamente compreensível. Sob a liderança do "último baluarte do comunismo", meu país se tornou, nas palavras de Ted Koppel, "um manicômio no qual os lunáticos administravam o asilo e os prisioneiros eram punidos por sua sanidade".[1]

Embora eu soubesse muito pouco sobre o país, o destino da minha viagem dos sonhos era sempre os Estados Unidos. Eu tinha nove anos e desejar estar em outro lugar era um ritual quase diário.

Não havia muito para contribuir com meu conhecimento e compreensão do lugar. Na Romênia comunista, a única programação que tínhamos na televisão era uma hora de propaganda diária. A eletricidade caía por volta das oito da noite, e nossas fronteiras estavam totalmente fechadas. Eu não conhecia ninguém que tivesse visitado os Estados Unidos. Acho que apenas sentia que minha vida estava destinada a ser maior do que o que aquela fazenda podia conter.

Um dia, aos doze anos, eu disse à minha mãe que ia me mudar para os Estados Unidos. Isso significava que precisava aprender inglês. Ela dirigia um orfanato, e comecei a ensinar às crianças de lá o que tinha aprendido da língua estudando sozinha.

Três anos depois, o orfanato recebeu a visita de um americano que estava morando na Alemanha. Seth tinha ouvido histórias sobre os orfanatos romenos e queria ajudar. Naquela época, meu inglês já era suficiente para pelo menos ter conversas básicas, e me tornei sua intérprete. Ele criou uma fundação de caridade, por isso abrimos outro orfanato, que facilitou a adoção no exterior e possibilitou que as crianças tivessem acesso a procedimentos médicos fora do país.

Trabalhando com Seth conheci muitas pessoas interessantes, mas a que deixou uma marca profunda na minha alma foi Marylyn Ginsburg. Minha família e eu a hospedamos em 1995, quando ela foi enviada à Romênia pelo Rotary Club de Los Angeles para avaliar uma possível colaboração com nosso orfanato. Marylyn era encantadora, curiosa, e demonstrou grande interesse por nossa cidade, o orfanato e o jardim de minha mãe. Lembro-me de ficar chocada com a quantidade de fotos que uma pessoa podia tirar.

Durante os dois anos trabalhando juntas na Casa Adobe, nosso projeto de orfanato, aprendi muito sobre a experiência de Seth, sua educação e sua visão de mundo. Dizer que fiquei impressionada com sua inteligência e bondade seria eufemismo. Então, quando comecei a pensar sobre graduação, Seth me trouxe catálogos de duas faculdades nos Estados Unidos e me incentivou a tentar uma vaga nelas. Com grande agitação, trabalhei em segredo na minha inscrição para a mesma faculdade em que Seth tinha estudado, e não contei para ninguém além de minha mãe e minha irmã. As consequências eram muito importantes e o resultado era muito precioso para ser compartilhado com o mundo todo, então mantive tudo em segredo até que tivesse a confirmação.

Em 1997, meu sonho de criança se tornou realidade. Fui aceita para estudar na faculdade que havia escolhido — a St. John's College, uma pequena escola de ciências humanas em Annapolis, Maryland. Encorajada por Seth, decidi não desanimar diante da preocupação quanto a como pagar por minha formação. De qualquer modo, 125 mil dólares em mensalidades eram um montante muito além das minhas possibilidades. Peguei o maior empréstimo que minha família já tinha visto, de 20 mil dólares, o que na época daria para comprar várias casas na minha cidade. E, de alguma forma, Seth deu conta do restante por meio da fundação.

Apenas dezessete anos mais tarde descobri de onde o financiamento para minha educação tinha vindo.

Em 2014, eu estava na Califórnia para uma conferência e decidi tentar fazer contato novamente com Marylyn. Eu não a via desde 1997, quando ela graciosamente me enviara uma passagem de avião e um bilhete escrito à mão me convidando para passar meu primeiro Natal nos Estados Unidos com ela e sua família em Los Angeles.

Dezessete anos depois daquela visita, eu me vi mais uma vez maravilhada com a bondade e a generosidade daquela mulher. Marylyn era claramente amada por sua família e seus empregados, alguns dos quais trabalharam em seus negócios até o fim da vida. Ela também era amada e admirada por sua comunidade. Descobri que Marylyn apoiava diversos projetos a serviço da comunidade, do meio ambiente, da educação e das artes.

Durante o jantar, ela disse casualmente: "Acho que nunca falei sobre isso, mas, tendo financiado boa parte de sua educação, estou muito orgulhosa da mulher que você se tornou".

Albert Einstein escreveu: "A decisão mais importante que tomamos é se vivemos em um universo amigável ou hostil".

Em um nível profundo, Marylyn e Seth me ajudaram a fazer a escolha que até hoje me guia em tudo o que faço. Na minha visão de mundo, o que experimentei foram atos de altruísmo genuíno.

Você acredita em altruísmo?

Se perguntarmos a Freud e seus seguidores, eles dirão que os seres humanos mostram pouca inclinação a fazer o bem. Se alimentam tendências altruístas e se comportam com bondade, isso não deve ser confundido com altruísmo legítimo. Tais pensadores defendem a ideia de que essa na verdade é uma forma de suprimir tendências agressivas que assolam a mente humana. De fato, o altruísmo às vezes é definido como "uma saída para a agressividade, que em vez de ser reprimida é direcionada para fins 'nobres'".[2]

Mas os cientistas que estudam a evolução sugerem que o altruísmo e a cooperação têm raízes muito profundas na natureza humana, e podem ter promovido a sobrevivência de nossa espécie. Darwin, por exemplo, argumentou que o altruísmo é uma parte essencial de nossos instintos sociais.

Em seu TED Talk, Matthieu Ricard, pesquisador, cientista, monge budista e defensor do altruísmo, mostra um vídeo do que ele acredita ser prova de que o altruísmo realmente existe.[3] Uma pessoa cai nos trilhos do trem. Apenas alguns segundos antes que o trem venha zunindo pela estação, um homem salta e puxa o pobre companheiro para a segurança. Em muitos casos de suposto altruísmo, a mente cética pode objetar que o bom samaritano estava, no fundo, agindo por uma necessidade egoísta de se sentir bem ou receber elogios. Vendo o vídeo de Matthieu, é difícil acreditar que houve tempo suficiente para tais considerações naquele dia na estação de trem. Provavelmente todos sabemos de casos em que o egoísmo não poderia ter sido a motivação para um ato de altruísmo.

Se você também está determinado a desempenhar seu papel de liderança da humanidade em direção ao progresso, o altruísmo pode ser a ferramenta mais poderosa que tem à mão. Ele está sempre à disposição, de diferentes formas, independentemente da nossa posição na vida.

Prática

Como civilização, passamos séculos acreditando que praticar o altruísmo está no campo dos trabalhos sem fins lucrativos ou da caridade. Ainda escuto pessoas dizendo: "Tudo bem, mas que diferença uma pessoa só pode fazer?".

Na verdade, tudo o que fazemos exige uma escolha. Como disse Martin Luther King, devemos escolher "caminhar à luz do altruísmo criativo ou na escuridão do egoísmo destrutivo".

Por que essa escolha é tão importante?

Como explica Matthieu Ricard, se tivermos mais consideração pelos outros, criaremos uma economia mais solidária, maior harmonia na sociedade e uma relação mais saudável com o meio ambiente. Notavelmente, a ciência agora mostra que praticar altruísmo e compaixão traz mudanças estruturais em nosso cérebro e pode até mudar a expressão de nossos genes. É um jogo em que todos saem ganhando.

Como líder, escolha caminhar à luz do altruísmo criativo e inspire outros a fazer o mesmo.

Estamos todos no mesmo barco, interligados e interdependentes. Portanto, escolha sempre o altruísmo, seja como indivíduo, seja como líder. Por menores que sejam, seus atos contribuirão para a evolução de nossa cultura, distanciando-se da noção dominante de individualidade e egoísmo e indo em direção à cooperação, à solidariedade e à bondade.

III. Sombra

Nesta parte, vamos examinar alguns monstros, como incerteza, medo, crise e o ego, que não passam de sombras. A sombra, um dos arquétipos mais reconhecidos de C. G. Jung, é a parte da mente inconsciente que representa fraquezas, deficiências e instintos irracionais — em outras palavras, o "lado escuro", desconhecido, de nossa personalidade. Por definição, é a parte de nós de que estamos menos conscientes e que somos mais relutantes em explorar.

Às vezes, as crises chegam do nada. Mantenha a calma e siga em frente — mas como? No capítulo 9, contamos como o empresário dinamarquês Claus Meyer lidou com uma série de crises quando a opinião pública de repente se voltou contra ele e seu negócio foi ameaçado por um boicote. O que Claus aprendeu naquelas semanas difíceis pode ser útil para todos nós, e é uma lição muito mais profunda do que pode parecer a princípio.

A incerteza e nosso medo do caos inerente à vida podem ser uma força perversa, que afeta nossa liderança. Em um nível profundo, todos sabemos o que é o medo e que ele pode nos fazer reagir de forma irracional ou egoísta — muito longe dos líderes que queremos ser. Não tente "conquistar" ou "subjugar" o medo. Caminhe com ele. Convide-o e esteja aberto ao que ele tem para lhe ensinar. Aprenda com ele. No capítulo 10, mostramos como um advogado que se tornou empreendedor e escritor conseguiu transformar a incerteza e o medo em combustível para a criatividade e a excelência.

Para alguns de nós, a sensação de fracasso pode aparecer sem aviso — e ameaçar nos derrubar. Como fracassar repetidamente e ainda assim permanecer forte e dedicado, com a determinação para persistir? No capítulo 11, extraímos lições de filósofos, bem como de empresas de investimento norte-americanas, para oferecer algumas pistas.

Vários pesquisadores exploraram a complexa relação entre ego e liderança. No capítulo 12, tentamos desmistificar a noção do ego do líder e o convidamos a cultivar a atenção a fim de desenvolver uma relação mais construtiva com seu ego. Encorajamos aqueles que estão prontos para dar o salto a liderar a partir da alma, não do ego.

Traga consciência — em outras palavras, luz — para essa parte de seu trabalho como líder. A sombra pode ser uma fonte profunda de energia destrutiva. Mas, se desenvolvemos uma relação mais consciente e construtiva com ela, também pode ser uma grande fonte de criatividade.

9. Liderança em meio à crise

Em 20 de fevereiro de 2012, Claus Meyer acordou às seis da manhã em La Paz, Bolívia, onde estava trabalhando em seu mais recente projeto de caridade. Como muitos de nós, Claus desenvolveu o hábito questionável de verificar o celular mesmo antes de ir ao banheiro. Uma rápida olhada revelou 75 novos e-mails, 62 mensagens de texto e um sem-número de telefonemas desde que ele tinha ido dormir, apenas algumas horas antes. Repassando as mensagens com uma crescente sensação de desconforto, Claus percebeu em um instante quão terrível era a situação para ele e sua organização. A crise tinha surgido do nada.

Na Dinamarca, e para os gourmets de todo o mundo, Claus Meyer dispensa apresentações. Ele é cofundador do Noma, eleito melhor restaurante do mundo em 2010, 2011, 2012 e 2014, de acordo com a revista *Restaurant*. Claus foi um dos três apresentadores do programa de TV *New Scandinavian Cooking*, exibido em mais de 130 países com audiência estimada de cerca de 100 milhões de pessoas por episódio.

Essa é só a ponta do iceberg. Desde que Claus Meyer retornou de um ano na França, aos dezenove, está numa missão incansável para transformar a forma como nos relacionamos com a comida. Uma consequência disso tem sido uma grande variedade de empresas de alto crescimento, projetos sociais, programas de TV, iniciativas e produtos gourmets. Não é exagero dizer que ninguém fez mais pela revitalização da cultura nórdica do que Claus Meyer. Sua recompensa foi uma reputação como um dos empresários mais confiáveis, admiráveis e impactantes da Dinamarca. A maior parte de suas empresas carrega seu nome, o que é bom para os negócios. Durante décadas, a marca Meyer foi invencível, e ele próprio parecia impecável.

Portanto, Claus ficou em igual medida surpreso e devastado naquela manhã em La Paz. Alguns meses antes, ele havia inventado uma maneira de aproveitar a comida como uma força para fazer o bem. Em colaboração com o Sistema de Reinserção e Serviços Prisionais da Dinamarca, Claus embarcou em um projeto para estabelecer um restaurante-escola em uma das prisões dinamarquesas de pior fama, a penitenciária estadual em Vridsløselille. Seu objetivo era oferecer reabilitação. Claus tinha visto pessoas de todos os setores reconstruir a confiança e encontrar sua vocação diante de um fogão, então por que não também os detentos?

Cozinhar não requer nenhuma educação formal, um molho béarnaise não faz julgamentos, e o que é mais gratificante do que ver um companheiro desfrutar de uma refeição que você preparou com suas próprias mãos? Claus estava convencido disso, assim como o DR, principal canal de televisão do país. Quando o respeitável empreendedor e evangelista gourmet cruzou os portões da penitenciária, o DR estava atrás dele. Reabilitação documentada em rede nacional, sem dúvida uma circunstância em que todo mundo saía ganhando.

Como um desdobramento lógico da nova parceria, Claus aceitou o convite do Ministério da Assistência Social para participar de seu programa de recolocação no mercado de trabalho. Algumas das maiores empresas dinamarquesas já estavam dando emprego aos presos. Claus concordou e abriu as portas de uma de suas padarias a um prisioneiro francês de 43 anos em liberdade condicional, Frank David

Saksik. Claus tinha aprendido, graças a seus encontros com pessoas do serviço prisional, a não se preocupar com o que as pessoas tinham feito para ser presas. Aquilo competia ao juiz, e, uma vez que se tinha cumprido a sentença, as contas com a sociedade estavam acertadas. Claus se absteve de fazer perguntas a Frank sobre seu passado. O Ministério da Assistência Social viu uma oportunidade de aproveitar o status de Claus para reforçar seu programa de recolocação, com um vídeo de Claus e Frank lado a lado na padaria de Meyers, falando sobre aquela união.

Para cada crime há uma vítima, e no caso de Frank era sua ex-namorada Malene Duus. O que Claus Meyer não sabia era que, logo após o término, Frank aparecera no apartamento de Malene, em Copenhague, batera nela com uma barra de ferro até deixá-la inconsciente, arrastara seu corpo pela sala de estar, pegara-a nos braços e pulara pela janela do apartamento no terceiro andar, de uma altura de onze metros.

Ambos tinham sofrido graves lesões nas costas, mas milagrosamente sobrevivido. Depois de três anos, Malene ainda sofria física e emocionalmente com o incidente e era incapaz de conseguir um emprego. Quando viu o homem que arruinara sua vida ao lado de um chef celebridade, sentiu-se humilhada e com raiva. Escreveu uma carta contando sua história e a enviou a um dos maiores jornais na Dinamarca, o *Politiken* — que reproduziu a carta na íntegra. Com cinco horas de diferença de fuso, as reações estavam fora de controle em sua terra natal quando Claus acordou na Bolívia.

A grande maioria dos comentaristas parecia concordar que Claus tinha cometido um erro terrível ao dar emprego a Frank Saksik. Muitos chegaram a sugerir um boicote às empresas dele, uma proposta que rapidamente ganhava popularidade. Houve alguns comentários bastante desagradáveis, inclusive na página de Facebook da filha de Claus, de quinze anos. Não era exatamente a reação que ele esperava a seu trabalho na recolocação de presidiários. Um comentário no Facebook teve apelo suficiente para ser citado em uma série de meios de comunicação nacionais: "Espero que alguém jogue você pela janela, seu chef de merda".

"Minha gerente-geral estava em pânico, e todos se voltavam para mim para saber como deveríamos lidar com aquilo", recorda Claus Meyer. "Decidi escrever imediatamente uma resposta pessoal a Malene e enviá-la para o *Politiken*." Estava na primeira página, on-line, duas horas depois. Como rapidez era essencial, Claus mostrou a carta somente a sua esposa, a um colega de trabalho e a um ex-policial que era seu amigo antes de enviá-la. Ele fez a escolha certa. Sua decisão de escrever como ser humano e pai de três filhas, dirigindo-se diretamente a Malene em público, e não como um CEO corporativo, foi recompensada. Alguns pontos do debate ficaram mais claros. Um número cada vez maior de pessoas concordou com Claus que a reabilitação era uma causa digna — que se escolhemos não manter os condenados presos para sempre nem executá-los, então temos o compromisso de reintegrá-los à sociedade assim que tenham cumprido sua sentença.

Nos dias que se seguiram, Claus acordou todas as manhãs com novos ataques partindo de diferentes ângulos na mídia. Lutou contra eles o melhor que pôde. De forma inteligente, pediu a seus amigos para responder a alguns deles, em vez de ficar sozinho no campo de batalha. A crítica de um filósofo foi rebatida por seu amigo e filósofo Ole Thyssen. Dedicando-se, ativando sua rede e trabalhando horas a fio, Claus conseguiu fazer com que a maioria dos dinamarqueses lembrasse que eles acreditam que até mesmo criminosos merecem uma segunda chance.

Durante esses dias, tanto o conselho quanto a diretoria da empresa de Claus pediram que ele demitisse Frank Saksik. Como Frank ainda estava no período de experiência na padaria, seria fácil fazê-lo. Aquilo provavelmente teria dado um fim efetivo ao bombardeio. Para espanto de todos, a resposta de Claus foi um firme "não". Frank precisava ficar. "Que mensagem estarei passando ao sacrificar algo em que eu acreditava com convicção e dispensar um funcionário em nome dos lucros da minha empresa?", Claus pergunta retoricamente. "Independentemente do que eu decidisse, seria uma decisão com a qual eu teria que conviver pelo resto da vida", afirma.

Relembrando aquelas semanas turbulentas, Claus se recorda delas como incrivelmente estressantes e cheias de clareza e beleza:

Foi uma das poucas vezes em minha vida em que realmente senti amor por mim. Meu padrão é ser muito crítico comigo mesmo. Penso com frequência que eu poderia ser um marido melhor, um pai melhor, um amigo melhor, que poderia fazer mais ou melhor, de forma geral. Mas não naquelas semanas. Foi um sentimento muito especial ter quase todos contra você — e ainda assim saber que está certo.

Gradualmente a opinião pública se juntou a Claus. A maioria dos dinamarqueses acreditava que crimes como aquele deveriam ser punidos com penas de prisão muito mais longas, mas percebeu que aquilo não tinha nada a ver com Claus Meyer e seu projeto de reabilitação. Claus pôde novamente abrir sua caixa de entrada e visitar sua página no Facebook sem ser confrontado com uma multidão raivosa. Mal sabia ele que tinha sido apenas o começo.

Na Dinamarca, como em grande parte do mundo, quando você abre um restaurante provavelmente não terá contato com os sindicatos, diz a tradição. A menos que você se comporte muito mal, permanecerá fora do radar deles, desde que seja peixe pequeno. Claus agora tinha mais de seiscentos funcionários, e todo o drama em torno do projeto da prisão abriu uma fissura. Ele estava no radar, e não mais era visto como impecável.

Com timing perfeito, no dia anterior à estreia da série de TV da prisão, o *Politiken* publicou outro artigo sobre ele, dessa vez com um enfoque completamente diferente: seria o famoso empresário na realidade um empregador sem escrúpulos, preocupado apenas com o lucro, usando projetos sociais como uma cortina de fumaça? O veículo não usou essas palavras exatas, mas o significado era claro. Mais uma vez Claus estava sob grave ataque, e muito mais perigoso. Ele se encontrava diante de uma mistura letal de alguns empregados infelizes com uma mídia disposta a atacá-lo.

O sindicato lançou um ataque direto. Claus não sabia das reclamações vindas de duas de suas padarias, o que não era desculpa. No cenário ideal, ele deveria ter sabido e resolvido a questão. Em menos de uma semana, Claus compreendeu que tinha que fazer um pedido público de desculpas e iniciar um processo de acordo com o sindicato.

Eu mesmo trabalhei para Claus Meyer por quase dois anos, cerca de uma década atrás. Suas atividades eram mais reduzidas naquela época, e eu, responsável pelo desenvolvimento de negócios, me sentava ao lado de Claus em sua casa antes que a empresa tivesse uma sede própria. Pela minha experiência, Claus não é um empregador sem escrúpulos. Na verdade, nunca o ouvi dizer nada rude a ninguém. Lembro-me de uma manhã em que tínhamos uma reunião importante e chegamos 22 minutos depois da hora marcada porque eu havia me atrasado para encontrá-lo. Eu podia sentir que Claus não estava feliz com meu desleixo, mas ele se manteve gentil e, quando por fim chegamos à reunião, pediu desculpas pelo atraso sem mencionar o motivo. Foi a primeira e última vez que perdi a hora.

Após meu primeiro semestre na empresa de Claus, ficou claro para mim que, por ele não ser o tipo de chefe que mandava as pessoas embora, havia alguns gestores que simplesmente não estavam à altura do trabalho. Eu sabia que precisávamos agir, então recebi o apoio da diretoria e gradualmente convenci Claus de que precisávamos tomar aquela decisão difícil. Pela minha experiência, sei que custa a Claus ser mesmo que só um pouco ríspido, ainda quando isso é justo e necessário.

Ao mesmo tempo, cabe dizer que a vocação de Claus sempre esteve ligada à qualidade da comida que comemos, não às condições de trabalho. Ele não acorda pensando na duração das pausas do trabalho, talvez porque ele próprio não precise de muitas. Não me é difícil imaginar como os empregados insatisfeitos em suas padarias tenham simplesmente passado despercebidos. Claus sempre esteve mais do que contente em delegar responsabilidades de gestão, revisões de orçamento etc. para que pudesse criar novos produtos, conceitos e iniciativas e se envolver em conversas apaixonadas com colegas e clientes a respeito. Isso, naturalmente, não é uma desculpa; é apenas uma explicação. Como empresário, Claus não é perfeito, e ninguém é. Mas a otimização dos lucros e o cinismo não são de forma alguma os fundamentos de seus empreendimentos. Muitos que fizeram parte deles diriam inclusive o oposto.

Ainda assim, é difícil explicar isso sob ataque do sindicato e da mídia sensacionalista. Claus havia se mantido firme no projeto de reabilitação de ex-presidiários, mas daquela vez não conseguia ver uma razão para não ceder e fazer um acordo. "O que aprendi com esse episódio foi que, quando a missão de sua empresa é mudar determinadas coisas para melhor, principalmente quando você está fazendo projetos sociais à vista de todos, esperam que você seja impecável dentro de sua própria casa", lembra Claus.

É uma ótima observação. Conheço muitas redes de restaurantes que não fizeram acordos com sindicatos, mas tampouco fazem caridade ou trabalho social. Por ter se envolvido em reabilitação, obras de caridade na Bolívia e em uma ampla gama de atividades semelhantes, além de ter uma agenda culinária bastante ambiciosa, o público esperava que Claus Meyer vivesse de acordo com os mais altos padrões em tudo o que fizesse. Quando foi revelada uma área onde o desempenho de sua empresa era medíocre, num padrão industrial nada impressionante, os portões do inferno se abriram. Claus aprendeu a lição, aceitou a realidade e corrigiu o que era preciso.

Hoje a crise está ultrapassada, e a empresa de Claus encontra-se mais forte do que nunca. Sua mais nova aventura foi a mudança de toda a família para Nova York para inaugurar uma praça de alimentação dentro da Grand Central Station, um restaurante gourmet ao lado e um projeto de caridade no Brooklyn — juntamente com investimentos em dois outros restaurantes em Manhattan criados por chefs escandinavos.

Compartilhei a história de Claus em riqueza de detalhes para ilustrar o mais vividamente possível como a crise pode atingir qualquer um inesperadamente. E, em especial para os líderes que estão na esfera pública, ela pode logo se tornar um gigante impiedoso, ameaçando destruir tudo o que criamos.

Com essas nuvens negras no passado, pedi a Claus que compartilhasse os três conselhos mais importantes para líderes sobre como encarar crises de tal natureza. Claus pensou por alguns minutos, depois deu as seguintes sugestões.

Em primeiro lugar, dedique-se. Aborde a situação como um ser humano, não como um CEO. Em uma crise haverá muitas emoções em jogo. Claus se atreveu a ser autêntico em vez de se esconder atrás do jargão comercial ou de deixar que alguém falasse em seu nome. Todo mundo sabia que ele era o dono e o rosto da empresa, e as pessoas queriam ouvi-lo. Quando entrar em uma crise, enfrente o desafio, seja verdadeiro, e gaste o tempo e o esforço necessários para enfrentá-la.

Em segundo lugar, peça ajuda. Claus não esperou que os especialistas chegassem antes de fazer sua primeira declaração, mas sem dúvida os convocou o mais rápido possível. Antes de um programa de entrevistas crítico em cadeia nacional, dois assessores de relações públicas passaram uma hora gritando com ele, com holofotes na cara — para prepará-lo para o que ia encontrar diante do infame entrevistador que estava prestes a encontrar ao vivo.

O terceiro conselho de Claus é pensar na paisagem pela qual você navega. Quem são seus amigos e quem são seus oponentes? Que agendas estão em jogo? Em qualquer tipo de comunicação ou crise de relações públicas, reflita sobre sua mensagem central — e, em seguida, adapte-a aos diferentes interessados e à mídia.

Embora essas reflexões tenham feito muito sentido para mim, senti que faltava algo. Eu me imaginei numa situação semelhante, e o arrepio percorrendo minha espinha revelou que, mesmo com os conselhos acima, não me sentia mais preparado para o desafio se algo comparável acontecesse comigo. "Mas", eu disse, sabendo que estava ocupando Claus por mais tempo do que o combinado, "ainda não entendi direito. Como você pôde manter a calma sob essa pressão? Quero dizer, os jornais estavam cheios de sujeira a seu respeito. Por um tempo, foi como se todo mundo adorasse odiá-lo. Como conseguiu dormir à noite, como se manteve forte no meio disso?"

Claus ficou silencioso e pensativo, o que acontece às vezes, mas não muitas. Aparentemente, não era uma pergunta que havia sido feita antes. "A verdade é", ele por fim disse, "que houve algum alívio em ser retratado como uma pessoa imperfeita. Eu nunca quis que as pessoas me vissem como perfeito, e isso definitivamente não é o que penso de mim mesmo. Durante essas semanas críticas, o equilíbrio foi restaurado, e, apesar de ter sido doloroso enquanto aconteceu, estou realmente feliz por isso." Claus continua: "Em nossa empresa, falamos sobre o fato de que estamos em uma jornada, de que queremos nos tornar a melhor versão de nós mesmos, de que podemos sempre nos tornar melhores. Com essa mentalidade, erros e falhas não são tão perigosos. Os líderes que retratam a si ou a suas organizações como perfeitos têm muito mais a perder do que eu".

Claus é vibrante, e as conclusões vão surgindo conforme ele fala. "Além disso, não vivo com a sensação de que minha vida vai acabar se eu perder minha reputação e meu negócio. Eu poderia me divertir sem tudo isso, numa casa pequena com minha família, cultivando uma horta e passando mais tempo com os amigos. Tudo tem a ver com perspectiva." Concordo com a cabeça, em silêncio, e essa segunda rodada de conselhos atinge algo mais profundo dentro de mim, pois parece ser aplicável a qualquer tipo de crise que um líder possa enfrentar.

Além disso, o último conselho que Claus compartilha é aquele que me dá arrepios enquanto pedalo por Copenhague de volta ao meu escritório naquela manhã de terça-feira. Claus é intenso quando me olha nos olhos e, cheio de clareza e dedicação, diz: "Martin, eu acredito fortemente no perdão. Depois de suportar a pressão, eu esperava que as pessoas me perdoassem. Não podia imaginar que não perdoariam. Claro, há alguns idiotas lá fora, mas tenho muita confiança de que no geral as pessoas são boas".

Então, quando você vivenciar uma crise como líder, lembre-se de que todos nós somos imperfeitos, nunca perca a perspectiva e confie que será perdoado ao final. Reconhecer nossa falibilidade e aprender com a crise nos ajuda a desenvolver a mentalidade necessária para manter uma liderança forte e autêntica.

Prática

Na ausência de uma crise maior, encontre uma pequena para praticar. Algo que não está no caminho certo, uma área em sua vida onde alguma coisa deu muito errado, ou talvez alguém que não está feliz com você.

Pergunte a si mesmo: qual é a coisa certa a fazer nessas circunstâncias? Peça o conselho de alguns amigos sábios para encontrar uma solução sólida e justa. Em seguida, implemente-a, confiante de que tudo vai ficar bem no final — que o mundo vai perceber suas boas intenções e que uma crise não é nada além de uma oportunidade para melhorar. Como Claus, não tenha medo de admitir seus erros. E não se curve quando estiver defendendo algo que é mais importante do que você mesmo.

10. Seja bem-vinda, incerteza

Passamos grande parte da vida no mais alto patamar de incerteza e ambiguidade. Isso vale especialmente para os líderes no mundo de hoje.

Se você é um empreendedor que está criando algo a partir do nada, alguém que está assumindo um novo papel de liderança ou que simplesmente lidera sua organização em um mundo cada vez mais complexo e incerto, é possível concordar em um aspecto: não existe um plano preciso. Não há um mapa. Não há nenhuma garantia de sucesso. Para alguns, isso pode ser uma realidade paralisante. Por isso, é importante desenvolver os "músculos da incerteza" para não apenas conseguir lidar com ela, mas prosperar e criar no limite do desconhecido.

O que vem a seguir é uma história sobre a jornada de um empreendedor navegando não só por ondas mas maremotos de incerteza. Uma vez que a viagem chegou ao fim, ocorreu uma mudança — de se sentir ameaçado, com medo e com dor, para se deixar levar e se manter curioso. À medida que a história se desenrola, veremos como esse líder conseguiu transformar incerteza, medo, dúvida e ambiguidade em combustíveis para a excelência e o sucesso. Esperamos que essas ideias o inspirem a abdicar da noção de que há um "caminho seguro e certo". Em vez disso, esperamos que você dê as boas-vindas — ou melhor, renda-se — à incerteza como um terreno criativo a partir do qual você pode dar vida à sua liderança.

Quando estava saindo de um avião em Austin, Texas, Jonathan notou uma estranha vibração e um estalido no ouvido esquerdo. Fazia muito tempo que estava animado para ir ao festival South--by-Southwest, e ele se esforçou por não dar muita atenção àquela sensação, acreditando que iria embora uma vez que se recuperasse da pressão da cabine. Se você já esteve nesse festival, sabe que pode ser muito barulhento. Com mais de 70 mil pessoas desembarcando em Austin, é uma mistura de atividades em torno de cinema, música, tecnologia e empreendedorismo, então dá para imaginar a sobrecarga nos sentidos!

Jonathan se manteve ocupado no primeiro dia do festival, enquanto tentava se livrar do incômodo no ouvido. Mal pôde dormir naquela primeira noite em Austin. O zumbido não ia embora, e parecia piorar quando ele se deitava. Ao longo do festival, Jonathan foi ficando cada vez mais cansado e frustrado. Não sabia dizer se as sensações de clique e vibração iguais a um contador Geiger estavam cada vez mais altas ou se ele simplesmente estava exausto e privado de sono além da conta para lidar com elas.

Quando ele voltou a Nova York, consultou uma série de médicos, que descartaram as hipóteses "grandes e assustadoras" e o aconselharam a descansar. "Falar é fácil!", Jonathan pensou. Os médicos asseguraram que tudo ia se resolver em breve. Contudo, um mês depois da viagem a Austin, Jonathan acordou no meio da noite com um chiado alto e agudo nos dois ouvidos.

"Quando percebi que o som estava vindo de dentro da minha cabeça, entrei em pânico", lembra ele.

Jonathan Fields estava acostumado à incerteza e à ansiedade. No início de sua vida profissional, ele tinha sido um advogado de execução na Comissão de Títulos e Câmbio dos Estados Unidos, em Nova York. Mais tarde, juntara-se a um grande escritório de advocacia em Manhattan, criando fundos de hedge e trabalhando em projetos de fusões e aquisições. Uma cirurgia de emergência após um período de três semanas trabalhando sem parar fora um sinal claro de que seu corpo estava rejeitando sua carreira, e era hora de mudar.

Ele largou o mundo das finanças corporativas e voltou ao empreendedorismo e ao bem-estar, suas antigas paixões, construindo e desenvolvendo um negócio de fitness que acabou por vender. Em 10 de setembro de 2001, Jonathan deu um passo definitivo para iniciar um novo projeto pelo qual estava apaixonado. Havia assinado um contrato de aluguel de seis anos para um andar em um prédio em Hell's Kitchen, no centro de Manhattan. Ali seria seu novo centro de ioga. Na manhã seguinte, dia 11 de setembro, a cidade de Jonathan e o mundo inteiro mudaram para sempre. "Nova York foi um lugar horrível para se estar por um bom tempo depois daquilo", Jonathan disse. "Então lá estava eu, tendo assinado um longo contrato de aluguel para o espaço e com uma filha de apenas três meses. Apesar da incerteza, resolvi me comprometer com o negócio, e criamos um espaço inteiramente voltado para a comunidade, um lugar onde as pessoas pudessem respirar, onde pudéssemos encontrar uma sensação de calma." O negócio prosperou. Depois de sete anos, Jonathan o vendeu e passou a outros projetos.

Ao longo de sua carreira, ele tinha percebido que, "para fazer algo extraordinário, para criar algo a partir do nada, você tem que não só lidar bem com a incerteza, mas convidá-la". Jonathan se interessou pelo fato de que algumas pessoas pareciam ter uma capacidade de aproveitar a incerteza e usá-la como combustível para a criatividade.

Para a grande maioria, a incerteza nos arremessa em uma fossa negra de medo, dúvida e ansiedade, mostrando-se mais como monstros assustadores e paralisantes do que como combustível para criatividade e brilho.

Mas nenhum negócio arriscado ou "passeio de montanha-russa" empresarial poderia ter preparado Jonathan para o novo desafio — descobrir o que fazer com o som penetrante dentro de sua cabeça. O grito agudo em ambos os ouvidos era um sinal claro de que seus médicos haviam sido muito otimistas. Depois de uma nova bateria de testes, Jonathan finalmente teve um diagnóstico: zumbido. A boa notícia era que agora sabia com o que estava lidando. A má notícia era que não havia cura ou causa conhecida para a condição, e parecia improvável que Jonathan reencontrasse o silêncio dentro de sua mente.

Intrigado sobre sua condição, passou algumas tristes horas vasculhando a internet em busca de informações sobre zumbido. "O que encontrei foi horrível. Relatos intermináveis de como era impossível conviver com ele e histórias dolorosas de membros da família que perderam seus entes queridos para o suicídio porque não podiam mais suportar aquilo. Um paciente, depois de sofrer com zumbido por apenas três meses, desesperado para ficar surdo ou então morrer, apunhalou-se no coração."[1] Zumbido, depressão e suicídio pareciam estar amarrados num nó górdio.

Depois de mais de um ano de pesquisa e tentando de tudo, desde acupuntura, aromaterapia, suplementos vitamínicos e "remédios milagrosos" até todos os tipos de conselhos que encontrou na internet em fóruns sobre o assunto, Jonathan viu sua vida indo em uma direção terrível. O pior momento foi quando teve que dizer à esposa que tinha desenvolvido hipersensibilidade à frequência de sua voz. O som da voz dela estava mexendo com seu cérebro. "Não basta que a maldita condição me roube a paz, também vai despedaçar minha família?", pensou Jonathan, à beira do desespero. E então veio o pensamento aterrorizante: o clamor dissonante em sua cabeça, assim como um hóspede indesejado em casa, tinha chegado para ficar. Para o resto de seus dias.

Em seu livro *Mindfulness in Plain English* [Mindfulness em inglês simples], o monge budista cingalês Bhante Henepola Gunaratana explica nossa tendência de categorizar nossas experiências e percepções e lança luz sobre as respostas mentais habituais que se seguem a essas categorizações.

Costumamos classificar cada percepção ou mudança mental em um de três "buracos mentais", acredita Gunaratana. Tudo é bom, ruim ou neutro. Se a percepção é rotulada como "boa", ficamos propensos a agarrá-la e mantê-la, ou repeti-la o mais rápido possível. Se algo é percebido como "mau", naturalmente trabalhamos para negar e rejeitar a experiência.[2]

E foi isso que Jonathan fez. Diante da dor, do medo e da incerteza, estava pronto para descobrir uma nova perspectiva.

Em vez de continuar a rejeitar os sons em sua cabeça, Jonathan começou a fazer uma pergunta diferente: "Se este sou eu para o resto da vida, se eu tiver que conviver com essa coisa altamente angustiante, se viver em um estado de incerteza constante quanto a se ela vai melhorar, piorar ou se algum dia ir embora, como posso aprender a lidar com isso?".

Jonathan começou a misturar ioga, exercícios de respiração e o que conhecia sobre psicologia somática (o ramo que lida com a conexão mente-corpo) com uma prática diária de mindfulness. "Mindfulness, ou atenção plena", explica Jonathan, "pode ser uma prática de contemplação ou uma abordagem à vida cotidiana." Ele praticou ambas. E, depois de muitos meses de aplicação diária, percebeu que, ainda que a meditação não eliminasse a dor, reconfigurou a maneira como seu cérebro a processava, de modo que não o impedia mais de fazer o que amava. Como isso foi possível?

Inicialmente, ele permitia que sua consciência se concentrasse nas sensações em seu corpo, as notasse sem julgamento, depois as deixasse ir embora. "As práticas clássicas de meditação e mantra incentivam você a se concentrar em uma sensação — uma âncora — e deixar todo o resto passar. Em algum momento, você pode transformar a prática no que se chama de 'monitoramento aberto', em que deixa qualquer coisa chegar, percebe-a, então a deixa partir, sem precisar de uma âncora", explica Jonathan.

"Se, no entanto, quando você se aquieta a mesma sensação ou pensamento continua a vir, repetidamente, a meditação clássica diz que você deve explorá-la, fazer dela sua âncora", diz Jonathan. No caso dele, aquela coisa que voltava sempre era o som excruciante dentro da cabeça. Foram necessários meses de prática para permitir gradualmente que o som se tornasse a âncora de sua meditação. Cheio de dor e ansiedade, às vezes incapaz de respirar, Jonathan continuou a praticar, até que um dia, quando estava sentado, percebeu que sua mente se afastava sutil e naturalmente do som. Afinal, o silêncio retornava à sua mente, ainda que apenas por alguns minutos.

É preciso iniciativa e perseverança para ir tão fundo em algo que nos atormenta. Com curiosidade e muita coragem, Jonathan decidiu experimentar privação sensorial completa. Se todos os estímulos fossem reduzidos a zero, será que os sons em sua cabeça ficariam mais altos?

O dr. John C. Lilly e sua esposa, Toni, ao lado de uma câmara de isolamento.

O tanque de isolamento foi inventado em meados da década de 1950 por John C. Lilly, neuropsiquiatra do Instituto Nacional de Saúde Mental dos Estados Unidos. Sua versão moderna é um tanque escuro, à prova de som, em cujo interior se pode flutuar numa mistura de sais de Epsom e água à temperatura do corpo. É claro que o som estava lá, alto como sempre, mas, para a surpresa de Jonathan, no isolamento completo, sem nenhum outro estímulo sensorial, aquilo não o incomodava. Ele insistiu em descobrir mais a respeito, e quando flutuava no tanque de isolamento já não tentava resistir ao som dentro de sua cabeça. Jonathan começou a notar diferentes frequências se misturando. Com a curiosidade no comando, ele pensou: "Que coisa fascinante! Queria saber o que vieram me ensinar".

O mindfulness foi a ferramenta que transformou o doloroso tormento dentro de sua cabeça em seu maior professor. A jornada de Jonathan até aprender a conviver com o zumbido — não apenas para sobreviver, mas para ter uma boa vida — preparou-o para a vocação com a qual ele se identifica ainda mais. Hoje ele realiza um trabalho altamente transformador com líderes e empresários de todo o mundo. Seu foco atual, o GoodLifeProject, é um movimento global que inspira, educa, conecta e apoia indivíduos em sua busca de viver uma vida melhor, mais engajada, conectada e alinhada.

Seja você líder de apenas um ou líder de muitos, sem dúvida deparará diariamente com incerteza, medo e ambiguidade. Pelo menos eu deparo. A forma como nos condicionamos a lidar com isso é um dos maiores determinantes do sucesso na liderança e na vida.

"Quanto mais você for capaz de tolerar a ambiguidade e se lançar ao desconhecido, mais provável será que dance com ele por tempo suficiente para encontrar melhores soluções, ideias e criações", diz Jonathan em nossa entrevista.

O que isso significa na prática?

Jonathan nos mostrou que a capacidade de lidar com a incerteza e o elevado medo que vem com ela não são simplesmente uma questão de sorte genética. Não é algo com que se nasce ou não. E isso é uma ótima notícia. Tudo é um processo, e há de fato coisas que todos podemos fazer para nos tornar, nas palavras de Jonathan, "alquimistas da incerteza e do medo".

Prática

Convidamos você a enxergar a incerteza como uma oportunidade, em vez de resistir a ela ansiosamente, ou sofrer diante dela. Traga a atenção plena e a curiosidade para a experiência. Respire dentro dela. Relaxe nela. Fique com ela tempo suficiente para trazer o gênio criativo à sua liderança.

Pedimos a James Flaherty, fundador da Integral Leadership LLC, para compartilhar conosco uma iniciativa prática que ele incentiva seus clientes a incluir na rotina com o intuito de ajudá-los a desenvolver a capacidade de se aquietar em meio à incerteza sem perder seu centro, aprendendo a trabalhar com o medo que surge diante da incerteza. "Respire bem fundo", disse James, "e imagine que esse medo é um convidado. Receba-o como faria com um velho amigo. Pergunte a ele: 'O que você tem para me contar?'. Em seguida, pare, esqueça o enredo e a narrativa em torno dessa emoção e concentre-se em se tornar consciente do que o medo realmente provoca em seu corpo. Então observe sua energia se dissipar."

Outra prática que recomendamos para ajudar a desenvolver os "músculos da incerteza" é simples, inofensiva e muito divertida. Vá para algum lugar novo. Deixe o mapa para trás e desligue o GPS do celular. Certifique-se de que tem muito tempo disponível para que possa se perder no labirinto de uma cidade desconhecida. Não preciso dizer que essa é uma prática de caminhada, que não deve ser feita enquanto se está dirigindo. Permita que sua intuição tome a iniciativa. Receba tudo. Observe sons, texturas, cores. Sinta como é navegar em um novo terreno, para abordar a incerteza e o desconhecido com um senso de descoberta e admiração, em vez de medo e ansiedade.

11. Duplique sua taxa de fracassos

O fracasso, muitas vezes visto como o oposto do sucesso, é um dos elementos mais sombrios da liderança. A sensação de fracasso pode nos fazer duvidar de nós mesmos, muitas vezes compromete nossa dedicação e energia, e nos piores casos pode nos impedir de avançar. Portanto, o fracasso merece alguma atenção. Neste capítulo examinaremos a natureza do fracasso e o que ele realmente está tentando nos dizer. O filósofo Friedrich Nietzsche, a autora best-seller Elizabeth Gilbert e uma empresa americana de capital de risco serão nossos guias. Mas permita-me começar com um episódio da minha própria vida.

Em 2009, enquanto participava de uma elegante conferência para investidores de elite, tive uma revelação. Eu me sentia um pouco falso naquela posição, confesso. Tínhamos vendido um de nossos negócios no início do ano, e no papel podia parecer que estávamos à altura daquela excelente companhia. Mas o acordo havia sido feito de forma que a maior parte seria paga com base nos lucros futuros da empresa, e uma olhada em nossa conta bancária revelaria que não éramos o público-alvo daquele tipo de evento. Eu tinha sido levado mais pela curiosidade do que por uma caçada genuína de perspectivas de investimento. Sem dúvida aprendi coisas novas, embora completamente diferentes do que eu estava esperando.

O estacionamento estava cheio de carros de luxo, as acomodações eram impecáveis, os ternos, sem dúvida, muito caros. Mas todas aquelas almas privilegiadas estavam se sentindo "para baixo" naquele belo dia de verão em junho. Queixavam-se do azar e discutiam quanto dinheiro haviam perdido desde o colapso do Lehman Brothers e o início da crise financeira. Precisei de apenas um par de horas falando com eles para perceber que se sentiam fracassados. Foi uma enorme surpresa, porque a mim ainda pareciam bastante realizados. Que grande diferença pode fazer para a autoestima de uma pessoa se ela tem 100 milhões de dólares em vez de 200 milhões? Tratava-se de investidores prudentes, e nenhum deles estava à beira da falência. Tinham apenas perdido uma parte do dinheiro que haviam feito facilmente em anos anteriores num mercado de ações aquecido. Para mim, aquilo não deveria causar tanta comoção.

O que aprendi naquele dia foi quão relativas são noções de sucesso e fracasso. Desde então tenho testemunhado muitos exemplos do mesmo fenômeno. Se um líder costumava ser o CEO de uma empresa com 10 mil pessoas, então teve que mudar de emprego e agora está diante de "apenas" mil funcionários, há um grande risco de que se sinta fracassado. Mesmo que pouquíssimas pessoas nem sequer assumam uma responsabilidade de tal porte. Muitos de nós têm o hábito de se julgar em comparação ao que já realizamos — ou talvez até em relação ao que sonhamos alcançar. Com essa mentalidade, aumenta o risco de nos sentirmos fracassados e decepcionados à medida que envelhecemos.

Elizabeth Gilbert conhece essa dinâmica melhor do que ninguém. Em fevereiro de 2006, aos 36 anos, a editora Penguin publicou seu livro de memórias *Comer, rezar, amar*. Ele foi direto para a lista de best-sellers do *New York Times*, onde ficou por surpreendentes 187 semanas. A Columbia Pictures comprou os direitos do filme, e em 2010 Elizabeth pôde testemunhar Julia Roberts interpretando seu papel, acompanhada por Javier Bardem como o empresário brasileiro por quem ela se apaixonou durante sua estada em Bali. Na Amazon o livro tem 3718 avaliações, o que impõe respeito a qualquer pessoa com experiência em marketing de livros.

Agora, como Elizabeth Gilbert se sentiu sobre todo esse sucesso? Em fevereiro de 2009, enquanto trabalhava na sequência de *Comer, rezar, amar*, ela falou num TED Talk em Long Beach, Califórnia. A conversa teve mais de 10 milhões de visualizações e está na lista dos vinte TED Talks mais populares.

Durante seus dezoito minutos no palco, Elizabeth conta ao público que está bastante ciente de que provavelmente jamais alcançará de novo, muito menos superará, o sucesso que experimentou, ainda bastante jovem, com *Comer, rezar, amar*. A pergunta mais comum que as pessoas fazem a ela é se tem medo de que agora tudo o que fizer pareça menor em comparação com aquela vitória maciça. Ela admite que tem.

Em seguida, Elizabeth conta como encontrou uma maneira de lidar com o medo. O truque, segundo ela, é ver seu gênio como algo externo a você, em vez de como uma qualidade interna. Como algo divino, que lhe foi concedido. Tudo o que você pode fazer é aceitar e agradecer quando recebe esse gênio divino. Como seres humanos, nossa tarefa é aceitar o que nos cabe todos os dias e fazer nosso melhor. O resto não depende de nós. Essa mentalidade vai mantê-lo são, garante Elizabeth, que prossegue compartilhando um punhado de exemplos inspiradores.

Elizabeth concluiu a sequência, *Comprometida*, em 2011. Até a conclusão deste texto, ele teve 575 comentários na Amazon, o que é muito impressionante, mas está muito longe da mania que rodeou *Comer, rezar, amar*.

Há outra razão pela qual o fracasso e o sucesso são percepções tão relativas: temos uma tendência a nos comparar com as pessoas em nosso ambiente imediato. Diz o ditado que rico é o homem que tem mais do que seu vizinho. Acho que todos nós percebemos esse padrão em nossa própria vida; pelo menos eu percebo.

Quando tinha vinte e poucos anos, tentei começar meu próprio negócio, mas falhei repetidas vezes, durante anos. Voltar a estudar e em seguida trabalhar em uma empresa de consultoria de gestão só aumentou minha tendência a me comparar com aqueles que me rodeavam — colegas de classe, consultores e empresários sobre os quais lia na mídia.

Desde então, aprendi que os sentimentos de fracasso sempre vão fazer parte da viagem — especialmente para aqueles que se apresentam como líderes, assumem riscos e criam algo a partir do nada. Algumas iniciativas darão certo, outras não. Desde que estejamos presentes, esforçando-nos ao máximo para executar o que viemos fazer neste planeta, então esse será nosso sucesso.

Além de serem relativos, existindo predominantemente aos olhos do espectador, sucesso e fracasso são inseparáveis. Sem correr riscos, não vamos conquistar muita coisa. Mas assumir risco, por definição, envolve uma alta probabilidade de fracasso. Noventa por cento de todas as start-ups fracassam, mas ainda assim milhões de pessoas saem do seu trabalho todos os anos para dar início ao próprio negócio. O progresso, a inovação e, em última instância, nossa sociedade dependem de se assumir riscos, e quando tudo dá certo há grande publicidade em torno. Mas não pode haver histórias de sucesso sem que haja muito mais casos de dificuldades e que não deram em nada. Isso é verdade em níveis nacional, empresarial e para todos nós como indivíduos.

Quando você vê uma oportunidade, corre atrás dela, mesmo que possa fracassar? Ou só faz apostas seguras? Nas famosas palavras do filósofo dinamarquês Søren Kierkegaard: "Ousar é perder o equilíbrio momentaneamente. Não ousar é perder-se".

Os líderes mais bem-sucedidos sabem disso — e descobriram maneiras de lidar com o fracasso, aceitá-lo e aprender com ele, em vez de tentar evitá-lo.

O humor, por exemplo, pode ser uma ótima maneira de lidar com o fracasso.

A Bessemer Venture Partners (BVP) é a mais antiga empresa de capital de risco dos Estados Unidos, tendo sido fundada em 1911 por Henry Phipps com sua participação nos lucros da venda da Carnegie Steel. Atualmente, a BVP tem sete escritórios em todo o mundo, faz parte de 116 Ofertas Públicas de Ações (IPO) e tem 4 bilhões de dólares sob sua administração, que investe em start-ups em estágio inicial e em hipercrescimento. Seu portfólio inclui nomes familiares como LinkedIn, Skype, Staples, Yelp, Pinterest e Shopify. Soa como uma história de sucesso astronômico? É verdade, mas a BVP — como qualquer empresa de capital de risco — também conta com dúzias de julgamentos ruins e oportunidades perdidas. Uma coisa surpreendente sobre a empresa é que ela compartilha abertamente suas falhas. Em seu site há uma seção chamada Antiportfólio, à primeira vista um termo bastante estranho. Quando se clica nele, vem uma longa lista de empresas icônicas em que a BVP se recusou a investir. É uma boa leitura!

FACEBOOK

Jeremy Levine passou um fim de semana em um retiro corporativo no verão de 2004 esquivando-se da apresentação empolgada de Eduardo Saverin, estudante de Harvard bastante insistente. Finalmente, encurralado na fila do refeitório, Jeremy lhe deu um sábio conselho: "Garoto, você não ouviu falar no Friendster? Passe pra outra. Acabou!".

GOOGLE
Uma amiga de faculdade de Cowan alugou sua garagem para Sergey e Larry em seu primeiro ano. Em 1999 e 2000, ela tentou apresentar Cowan a "dois alunos de Stanford muitos inteligentes" que estavam "programando um site de buscas". Alunos? Um novo site de buscas? No episódio mais notável de todo o antiportfólio de Bessemer, Cowan perguntou: "Como posso sair desta casa sem nem passar perto da sua garagem?".

APPLE
A BVP teve a oportunidade de investir em ações secundárias pré-IPO da Apple, quando estava avaliada em 60 milhões de dólares. Neill Brownstein, da BVP, achou "escandalosamente caro".

eBAY
"Selos? Moedas? Revista em quadrinhos? Você só pode estar brincando", pensou Cowan. "Não preciso nem pensar pra dizer não."

TESLA
Em 2006, Byron Deeter conheceu a equipe e fez um test-drive com um *roadster*. Ele chegou a fazer um depósito pelo carro,

mas desistiu da empresa por causa da margem negativa, dizendo a seus sócios: "Saio ganhando em qualquer hipótese. Recebo um ótimo carro e outro investidor vai pagar por ele!". A companhia alcançou 30 bilhões de dólares de valor de mercado em 2014. Byron está ainda na lista de espera por um Model x.

A BVP explica assim sua decisão de acompanhar e listar abertamente seus fracassos:

> Gostaríamos de homenagear essas empresas — nosso "antiportfólio" —, cujo fenomenal sucesso nos inspira em nossos contínuos esforços para alavancar negócios em crescimento. Ou, em outras palavras: se tivéssemos investido em qualquer uma delas, talvez não estivéssemos mais trabalhando.

O humor dissipa a culpa e nos permite aprender com o passado, sem deixar o fracasso nos derrubar. Ele nem sempre é apropriado, mas, quando podemos dar um passo atrás e observar a situação com clareza, nossa relação com o fracasso é vista de outra forma.

Se o humor autodepreciativo não faz seu estilo, há outro recurso que pode ser útil: ver suas falhas através de uma lente filosófica.

Em seu livro *As consolações da filosofia*, o escritor e pensador suíço-britânico Alain de Botton, fundador da School of Life, examina por que Nietzsche era um grande defensor de dificuldades e humilhações. Em seu famoso livro *Vontade de poder*, Nietzsche declara:

> Aos seres humanos que me interessam, desejo o sofrimento, a desolação, a doença, os maus-tratos, as indignidades — desejo

que não lhes sejam estranhos o profundo desprezo de si mesmos, a tortura da autodesconfiança, a miséria dos vencidos.[1]

Com um talento para o drama, o que Nietzsche quer nos explicar é que o fracasso e a dor são necessários para o crescimento e, portanto, para qualquer tipo de realização. Em um de seus outros livros, *A gaia ciência*, onde faz a famosa declaração sobre a morte de Deus, Nietzsche continua a explicar seu pensamento:

> Examinem a vida dos melhores e mais fecundos homens e povos e perguntem a si mesmos se uma árvore que deve crescer orgulhosamente no ar poderia dispensar o mau tempo e os temporais; se o desfavor e a resistência externa, se alguma espécie de ódio, ciúme, teimosia, suspeita, dureza, avareza e violência não faz parte das circunstâncias "favoráveis" sem as quais não é possível um grande crescimento, mesmo na virtude?[2]

Poético e dramático, sim, mas, de acordo com Alain de Botton, ainda muito relevante como estratégia contemporânea de consolo em tempos difíceis. Nas palavras de Botton:

> Por quê? Porque ninguém é capaz de produzir uma grande obra de arte sem experiência, nem alcançar uma posição internacional de uma hora para outra, nem ser um grande amante na primeira tentativa; e, no intervalo entre o fracasso inicial e o sucesso subsequente, no hiato entre quem desejamos um dia ser e quem somos no momento, devem vir a dor, a ansiedade, a

inveja e a humilhação. Sofremos porque não podemos espontaneamente dominar os ingredientes da realização.[3]

Você pode observar que já concretizou muitas coisas sem atravessar sofrimento nem ansiedade. Tal perspectiva pode ter uma de duas explicações: ou você já é muito bom em lidar com o fracasso, mantendo-se forte e positivo quando depara com ele, ou ainda não encontrou dificuldades e contratempos significativos — e até hoje teve a sorte de jogar com boas cartas na mão.

Um amigo meu pertencia à segunda categoria. Ele era de uma família amorosa, sempre tinha sido muito popular, inclusive com as mulheres, e sem muito esforço havia recebido uma educação brilhante. Conquistara o trabalho de seus sonhos, e conhecera a mulher dos seus sonhos. Ambos tinham criado um lar perfeito. Era fácil acreditar que ele jamais havia vivido um dia ruim. Então, no período de seis meses seu pai faleceu inesperadamente, sua namorada descobriu uma doença rara e assustadora, e ele perdeu o emprego. O que meu amigo aprendeu durante aquele período foi que a dificuldade, cedo ou tarde, nos alcança. Nada vem sem preço. Felizmente, ele era forte o suficiente para lidar com tudo e evoluiu visivelmente a partir da dor e dos contratempos.

Quando pensamos sobre isso, todas as características do fracasso são muito estimulantes. Porque o fracasso chega para todos; porque ele é relativo, não absoluto, e completamente inseparável do sucesso; e, como ele é o maior professor à disposição, não precisamos nos atormentar nem fugir assustados quando o olhamos nos olhos. Devemos fazer o melhor possível para ter sucesso em nossos empreendimentos, mas quando encontramos o fracasso ao longo do caminho é um amigo que está à nossa frente, não um inimigo.

Prática

Da próxima vez que você se sentir fracassado, dê um passo para trás, reserve-se uma hora de introspecção e se faça as seguintes perguntas:

- Houve alguma parte do episódio/projeto que funcionou bem?
- Se você pudesse começar tudo de novo, como faria isso sabendo o que sabe hoje?
- Visualize o que acontece quando tenta novamente com sua nova abordagem, e visualize-se tendo sucesso desta vez, e quanto isso é bom.

Agora que você aprendeu com o fracasso, e está conectado com uma abordagem diferente e um resultado positivo, pergunte-se: qual é o passo ideal a partir daqui? Em seguida, faça um plano que envolva uma ação específica que você pode tomar hoje.

12. Sobre o ego e a força do glamour

Imagine a cena. A equipe da start-up com a qual trabalhávamos estava fazendo excelentes avanços dentro de nosso programa de aceleração. Havia tido um enorme crescimento em um período muito curto, recebera muita atenção positiva da mídia e fizera bons progressos na obtenção de investimentos subsequentes. Depois, tudo parara.

Uma série de incidentes fez com que precisássemos ter uma conversa séria. A pauta era se devíamos contatar todos os investidores a que havíamos apresentado a start-up e deixá-los a par de uma informação vital: o ego do CEO da start-up estava fora de controle. Aquilo era previsível, mas não havíamos entendido a gravidade da situação até o dia em que ambos os cofundadores tinham ido embora. Como poderíamos não alertar os investidores para adiar a assinatura dos termos?

Todos já passamos por alguma variação dessa situação e tivemos que lidar com o desgoverno criado pelo ego — nosso ou de outros. O ego é uma cruz que todos precisamos carregar. Portanto, a questão é como reconhecer quando ele está dando as cartas, para lidar melhor com isso.

Vários pesquisadores e teóricos exploraram a dinâmica entre ego e liderança. David Marcum e Steven Smith classificaram o ego de um líder como "o item invisível no balanço fiscal de uma empresa", sugerindo que pode ser um passivo mais caro.[1] Em seu livro *O fator ego: Como o ego pode ser seu maior aliado ou seu maior inimigo*, Marcum e Smith demonstram de maneira convincente que é o ego que lança a centelha para conquistar, criar algo novo, dizer "posso fazer isso melhor" ou "posso resolver o problema". O ego também pode fornecer a energia e a tenacidade necessárias para enfrentar a adversidade. Mas os autores alertam sobre o fato de que ele deve ser equilibrado com uma dose saudável de humildade.

Esses são grandes exemplos de como o ego pode ajudar na liderança. No entanto, como esta parte do livro é dedicada a explorar os elementos ambíguos, vamos olhar mais de perto as formas em que o ego é um ônus.

C. G. Jung, a princípio um protegido de Freud, observou: "É um fato notável que uma vida vivida inteiramente a partir do ego é maçante, não só para a pessoa, mas para todos os envolvidos".[2]

Não apenas maçante, mas também perigosa, cabe dizer. Especialmente no mundo de hoje, com hipertransparência e altas expectativas em relação aos líderes.

Mas o que é o ego, afinal?

De acordo com Freud, nossa psique é composta de três partes: a primeira, o ego ("eu", em latim), faz a mediação entre as outras duas partes: o id (instinto) e o superego (ética). Para Freud, o ego é a "parte organizada da personalidade" e trabalha para agradar aos impulsos e desejos do id, enquanto navega dentro dos limites estabelecidos pelo superego.

Jung, por outro lado, descreveu o ego como um "complexo de ideias que constituem o centro de seu campo de consciência". O ego, sugere ele, emergiu gradualmente da inconsciência e como tal é "um aspecto diferenciado do inconsciente coletivo", uma espécie de projeção executada pelo inconsciente, que não deve ser confundida com o self, que é o sujeito da "psique total".

A psicologia do desenvolvimento sugere que o despertar do ego e, portanto, o surgimento do eu consciente acontecem entre os dezoito meses e os quatro anos, quando a criança toma consciência de si mesma como uma entidade separada da mãe. Portanto, é muito provável que não nos lembremos do que é não ter um ego.

Para deixar mais claro, é como se o ego fosse seu melhor amigo. Vocês passam muito tempo juntos. Ele faria qualquer coisa por você. Sem desmerecer nossos amados amigos quadrúpedes, o ego também pode ser visto como um cachorro. Está sempre ao seu lado, protegendo você, demonstrando afeto e lealdade, fazendo você se sentir melhor depois de um longo dia de trabalho, implorando por um carinho, fazendo amizade com outros cachorros (egos) no parque. Você entendeu.

Mas, às vezes, seu melhor amigo se transforma em um carniceiro que, como diz poeticamente Marianne Williamson, autora best-seller do *New York Times*: "procura toda a evidência possível da culpa de nosso irmão".[3] Isso significa que o ego também fica muito contente em encontrar defeitos, em julgar e criticar os outros.

O ego está amarrado a você, como um cachorro leal em uma coleira, mas ele não é você. Não é quem você realmente é.

Sem dúvida, o ego desempenhou um papel importante na evolução de nossa espécie, caso contrário não teríamos um. A razão pela qual temos um ego é uma questão passível de exploração. Mas não vamos nos aprofundar nela aqui. Em vez disso, vamos tratar de como o ego pode causar prejuízos para os líderes, e de como considerar nossa liderança além do ego.

Embora o ego às vezes possa parecer inofensivo, quando nos emaranhamos ele é poderoso.

Como o ego é um eu separado — um aspecto diferenciado do coletivo —, ele nos mantém distante dos outros, incentivando-nos a competir, defender e, quando necessário, atacar e buscar vingança. De maneiras mais sutis, o ego busca validação e atenção. Aos montes! O ego muitas vezes tem medo e precisa trabalhar muito para "se sentir" bem. O apego à autoimportância, ao orgulho e à necessidade de validação impulsiona o ego em algo que o autor e líder espiritual Ocean WhiteHawk chama de "força do glamour".

Espera. O que é glamour? E o que esse termo está fazendo em um livro sobre liderança?

"Glamour", diz Ocean, "é um campo de força, uma neblina ou cerração, que o impede de ver a realidade como é. Como o glamour distorce a percepção, deixa sua interpretação imprecisa. E, se a interpretação for imprecisa, sua resposta também será. Assim, o glamour nos impede de ver algo claramente. O glamour bloqueia nossa luz, a compreensão. Na verdade, é um problema mundial."

"Mas eu não tenho tendência a ser glamouroso ou chamativo", você pode retrucar. E estaria certo em associar a noção de glamour à opulência e à atual cultura de celebridades em busca de constante atenção. No entanto, usamos o glamour em um sentido diferente aqui: como um nevoeiro em que nosso ego vaga muito frequentemente, e de formas que nem sempre são tão óbvias.

Na verdade, o glamour surge de uma ausência. "O glamour nasce no corpo emocional, no desejo de ser famoso, alto, bem-sucedido, o centro das atenções, reconhecido... No desejo de ser outra coisa além de quem e do que já se é", explica Ocean.

Aqui estão alguns breves perfis fictícios para ajudar a ilustrar o que significa estar no nevoeiro do glamour.

John é CEO da empresa que fundou décadas atrás. Ele conhece sua indústria melhor do que qualquer um. Ao longo dos anos, viu de tudo acontecer e trabalhou com muitas pessoas diferentes. Como sua empresa opera em um mercado com taxas baixas de retenção de funcionários, em vez de descobrir como mantê-los, desenvolveu o infeliz hábito de reclamar deles. Na verdade, mal pode esperar para que alguém em sua organização cometa um erro de modo a ter uma razão para se queixar da má conduta e da perda provocada. Seu ego se alimenta de encontrar defeitos nos outros. Esse é um exemplo de glamour. Sabendo que um líder define o tom dos comportamentos aceitáveis em uma organização, é fácil adivinhar a cultura resultante na empresa de John.

Jane é uma jovem consultora. Ela é educada, inteligente, amigável, carismática e tem uma ampla rede de amigos e contatos. Gosta de reunir pessoas e muitas vezes cria oportunidades para exibir sua personalidade carismática, ou seja, seu ego. Fora das reuniões sociais, o comportamento de Jane é outro. Ela não mantém seus compromissos e muitas vezes se vê pulando de um projeto para o outro, correndo atrás da próxima grande descoberta.

Joe é um empreendedor em série. Ele afirma que está alavancando seu negócio com fundos limitados, e muitas vezes tem dificuldade em pagar as contas. Mas insiste em frequentar restaurantes e hotéis de luxo quando vai a conferências ou se encontra com investidores.

Ana está na meia-idade e é mãe de dois filhos. Ela gasta boa parte de seu tempo compartilhando em redes sociais todo tipo de história sobre acontecimentos não tão afortunados na vida de seus filhos e no mundo em geral. Seus seguidores comentam e lamentam cada incidente doloroso, e têm a tendência de adotar a postura deprimente de que a vida é arriscada, o mundo é um campo de batalha e tudo está indo pelo ralo.

Volto do trabalho para casa e passo trinta minutos submetendo meu companheiro a uma diatribe sobre como meu dia foi horrível, com metrô lotado, pessoas mal-educadas, axilas suadas e tudo o mais. Em vez de estar presente e me conectar com ele, não só revivo a experiência, mas o arrasto para meu estado de ânimo.

Dramalhão e posturas do tipo "coitadinho" ou "olha só o que aconteceu comigo ou com meus filhos" são um sinal de que a pessoa em causa está presa no nevoeiro do glamour. Há glamour em estar ocupado demais e em se dar importância demais. Também há glamour na aspiração espiritual. O dr. Martin Laird, padre e escritor, adverte que a espiritualidade pode se tornar "champanhe para o ego", lembrando-nos de que a necessidade que o ego tem de estar no centro do palco é poderosa e que há muitas armadilhas em que podemos cair.[4] Imagine um jovem life coach orgulhoso ao descobrir o poder de remover um bloqueio psicológico de alguém, ou auxiliando em alguma transformação, e então se gabando. Isso é glamour. Ou um mentor espiritual excessivamente preocupado com seu status e sua propriedade intelectual. Isso também é glamour.

O glamour nos lança em uma piscina pegajosa cheia de sentimentos, comentários, julgamentos, opiniões, fofocas — coisas complicadas que nos mantêm emaranhados e à mercê dos acessos de raiva do nosso ego. Se vivo na névoa do glamour, eu o perpetuo no mundo. O glamour afeta minha capacidade de estar presente, e isso, naturalmente, tem um enorme impacto sobre como interajo com aqueles ao meu redor. Não é a melhor plataforma para a liderança.

Lembre-se de onde vem o glamour: um lugar de carência que surge quando o ego diz: "Do jeito que estou, não sou suficiente". O glamour faz com que, quando interagimos com os outros, sintamos medo, ego a ego, máscara a máscara. É claro que a experiência pode satisfazê-lo temporariamente. "Mas, no fim das contas, quando você está sozinho, sem ninguém para agradecer, reconhecer, sentir pena ou prestar atenção, fica apenas consigo mesmo. E essa é a voz que conta", diz Ocean.

De acordo com Tim Ferriss, autor best-seller do *New York Times*, se queremos evitar nos tornar "alguém cuja autoestima depende de coisas em grande parte fora de seu controle", é preciso prestar atenção ao ego e ao glamour.[5]

O que fazer em relação a isso?

Existem algumas tradições que colocam grande ênfase em "anular" o ego. Em seu livro *Hvad er Ego?* [O que é ego?], Bo Heimann compartilha uma história sobre homens santos na Índia que passaram a vida inteira trabalhando na erradicação de seu ego. Eles acabaram praticamente em um estado vegetativo, incapazes de cuidar de si mesmos.

Como o ego tem uma má reputação naquela cultura, as pessoas respeitam e cuidam desses homens "sem ego". Não espere que isso aconteça no Ocidente. Então, não tente anular ou impedir seu ego. Ele vai lutar pela sobrevivência e se apegar a você com muita insistência.

Em vez de declarar guerra ao nosso ego, devemos — como Jung sugere — "de um jeito ou de outro alcançar um nível mais elevado de consciência". Devemos evoluir nossa compreensão, nossa consciência, a fim de superar nossa preocupação com as necessidades egocêntricas e as ideias egoístas, e mudar nosso foco para estar mais preocupados em fazer o bem aos outros e a tudo o mais na vida. "Porque", diz Ocean, "se nossa verdadeira natureza está completa, ela não busca oportunidades para o glamour."

Perguntamos a você: como seria *liderar* a partir dessa posição? Mas, na era da selfie, como alguém pode ser altruísta?

Na verdade, focar em servir e fazer o bem aos outros acalma a alma e nos alinha com nossa verdadeira natureza.

Como líderes, devemos aprender a enxergar além dessa profunda identificação com o ego. É somente à luz da consciência que nosso guia interior se sente seguro o suficiente para expressar sua verdade. Com consciência, podemos cultivar o desapego das garras do ego e evoluir nossa consciência.

A sabedoria oriental nos ensina que o apego — a nosso ponto de vista, nossas ideias, nossos gostos e nossas aversões — é a fonte de todo o nosso sofrimento. Estar "apegado" significa estar na história, na narrativa e no nosso julgamento sobre uma situação.

Uma das mais eficazes técnicas de mindfulness para desenvolver a consciência e cultivar o desapego é tornar-se uma testemunha gentil, um observador silencioso dos gostos e reprovações do ego, e notar quando o apego ocorre. Essa é uma jornada contínua, não uma tarefa única. Como tal, requer perseverança, determinação e humildade.

Talvez você se preocupe que o desapego vai torná-lo incapaz de alcançar seus sonhos. Para deixar claro, desapegar-se não significa fechar o coração e não se importar. Longe disso. Sempre que lido com o apego — a uma meta, um projeto ou um resultado desejado —, acho mais fácil relaxar e praticar o desapego refletindo sobre um pouco da sabedoria de Parker J. Palmer. Autor e ativista social,

Palmer nos convida a considerar que nosso chamado mais profundo é crescer em nossa própria identidade. Ao fazer isso, encontramos a alegria que todos buscamos, assim como nosso caminho de serviço autêntico.

Somente quando superamos a fragilidade e o absurdo do ego, nossa consciência pode evoluir. E devemos evoluir. Como Palmer diz, temos de "entregar nossa pele a serviço da transformação" se quisermos realizar a mudança — que é a grande tarefa da liderança.

Prática

Poderíamos, e provavelmente vamos, passar a vida inteira observando o ego e equilibrando suas gracinhas com doses saudáveis de humildade. Aqui está um atalho, um truque elegante, que encontramos para lidar com o ego e evitar ser puxado para a névoa do glamour. É do autor e líder espiritual Ocean WhiteHawk.

Feche os olhos e respire bem fundo. Visualize uma carruagem puxada por cavalos. Imagine-a o mais bonita que puder. Agora, com o olho da mente, imagine essa carruagem como seu corpo físico. Os cavalos puxando-a representam sua mente. Eles são poderosos e a levam em todas as direções.

Conforme você olha mais de perto para o condutor da carruagem, percebe que ele está usando uma venda, tampões no ouvido e uma fita sobre a boca. E você se pergunta: "Como ele sabe por onde conduzir minha carruagem?". Esse motorista é o ego, ou a personalidade. É cego, surdo e mudo, e ainda é o condutor — ou CEO — da sua vida.

Faça um favor a si mesmo e escreva uma carta de demissão para esse condutor. Agradeça-lhe por seus serviços e o demita com convicção. Depois disso, vá em frente e nomeie o condutor alternativo. Ele é sábio, generoso, compassivo, e sua visão está desimpedida. Parabéns. Você acabou de colocar sua alma no lugar do condutor.

Repita essa visualização toda vez que notar seu ego assumindo o controle.

Posfácio

Pode ser fascinante observar como a liderança está presente em cada interação humana. Em uma reunião de pais na escola, durante um acontecimento imprevisto no bairro, na mesa de jantar em casa, durante um encontro com um cliente no escritório. Sendo criaturas de hábitos, muitas vezes repetimos nossos respectivos papéis sem perceber. Nós nos tornamos o pai com todas as opiniões críticas diante do diretor da escola, o espectador passivo de um episódio violento no metrô, o empregado pensativo com todas as respostas certas, mas que não fala nas reuniões.

O processo de escrever este livro nos ajudou a ver como em muitas das circunstâncias da vida nós mesmos somos seguidores tão frequentemente quanto líderes. E talvez você também. Isso é natural. Ninguém deve liderar o tempo todo. Num mundo cheio de pessoas conscientes, informadas e capacitadas, dar e receber liderança é a dinâmica mais valiosa. Ofereça sua liderança quando sentir que ela pode ser útil. Dessa forma, ela virá de um lugar mais profundo.

Esse tem sido nosso foco: liderança impactante, construtiva e saudável. As doze lições que compartilhamos nos parecem as mais profundas, e muitas delas são muitas vezes esquecidas. Nossa missão tem sido inspirar você a liberar seus poderes de liderança de uma forma que o atenda no longo prazo, e a ser uma contribuição positiva para todos nós.

Siga em frente. Lidere com um grande coração e um espírito gentil.

Dever de casa

1. Existe algo com que você se importa de verdade? [pp. 29-39]

Durante séculos, temos feito perguntas existenciais para nos ajudar a entender nosso propósito e dar sentido às nossas experiências de vida, particularmente aquelas que nos desafiaram. Existem inúmeras ferramentas e estruturas que se destinam a nos ajudar a descobrir e comunicar finalidade; uma das que têm se tornado cada vez mais popular, principalmente nos Estados Unidos, é o Círculo de Ouro, que Simon Sinek apresenta em seu livro *Comece pelo porquê: Como grandes líderes inspiram pessoas e equipes a agir* (Rio de Janeiro: Sextante, 2018). Para obter a essência do quadro de Simon, sugerimos ver seu TED Talk: "Como grandes líderes inspiram ação".

Para uma jornada mais contemplativa, Parker J. Palmer, autor e fundador do Center for Courage & Renewal, explora essas questões com sabedoria e compaixão em seu livro *Let Your Life Speak: Listening for the Voice of Vocation* [Deixe sua vida falar: Ouvindo a voz da vocação], de 1999. O que amamos nesse livro é o convite que ele faz para desacelerar, ficar quieto e ouvir profundamente a voz de sua alma: "Antes de dizer à sua vida o que pretende fazer com ela, ouça o que ela pretende fazer com você". Outra leitura essencial é o livro curto mas monumental *Em busca de sentido* (Petrópolis: Vozes, 1991), de Viktor E. Frankl.

2. Pense no corpo [pp. 41-52]

"Um ser humano é apenas isso, energia, ondas, batidas, ritmos. Nada mais. Nada menos", diz a renomada diretora de teatro, bailarina e escritora Gabrielle Roth em seu livro *Ritmos da alma: O movimento como prática espiritual* (São Paulo: Cultrix, 2005). Juntamente com *Movement Medicine: How to Awaken, Dance and Live Your Dreams* [Medicina do movimento: Como despertar, dançar e viver seus sonhos], de Susannah e Ya'Acov Darling Khan, ele nos deu a coragem de sugerir dança e movimento como ferramentas importantes para adicionar ao seu kit de liderança. Dê uma olhada nesses livros, ou, melhor ainda, coloque seu corpo em movimento e experimente uma aula de 5Rhythms, disponível amplamente em todo o mundo.

Para um exame mais atento das aplicações práticas da Somatics — a unidade da linguagem, da ação, das emoções e do significado — à liderança, recomendamos o livro *Being Human at Work: The Art of Bringing Somatic Intelligence into Your Professional Life* [Ser humano no trabalho: A arte de trazer inteligência somática para sua vida profissional], de Richard Strozzi-Heckler.

Consideramos *Eastern Body, Western Mind: Psychology and the Chakra System as a Path to Self* [Corpo oriental, mente ocidental: Psicologia e o sistema de chakras como um caminho para o eu], de Anodea Judith, um sistema abrangente para a compreensão dos desequilíbrios dentro dos centros de energia (chacras) no corpo — o que os causa e o que pode ser feito pela restauração do equilíbrio. Se você está disposto a começar uma exploração dos chacras através da psicologia junguiana, esse é um bom ponto de partida.

3. Desperte sua curiosidade [pp. 53-61]

Para aumentar sua curiosidade e expandir sua mente, confira o WaitButWhy.com. O blogueiro Tim Urban leva seus leitores a uma viagem que os faz perguntar como "estamos sozinhos no universo?" e "o que devemos fazer com a inteligência artificial?", além de questões mais mundanas, como por que algumas pessoas estão sempre atrasadas.

As séries da BBC e do Science Channel *Wonders of the Solar System* (2010), *Wonders of the Universe* (2011) e *Wonders of Life* (2013), apresentadas pelo físico Brian Cox, são documentários incríveis que sem dúvida vão inspirar e desencadear sua curiosidade.

4. Incorpore a "ecosofia" à sua liderança [pp. 63-9]

Arne Naess é considerado uma das vozes mais importantes e relevantes no ambientalismo moderno e fundador da "ecologia profunda". Em seu livro de 2008, *Ecology, Community and Lifestyle: Outline of an Ecosophy* [Ecologia, comunidade e estilo de vida: Esboço de uma ecosofia], ele descreve estratégias e ideias que sem dúvida vão inspirar qualquer ambientalista mais reflexivo.

Em *Gaia & God: An Ecofeminist Theology of Earth Healing* [Gaia e Deus: Uma teologia ecofeminista de cura da Terra], Rosemary Radford Ruether explora as crenças centenárias que influenciaram nosso relacionamento com a Terra e como essas crenças levaram à atual crise ecológica. Ecoando a sabedoria dos anciãos da aldeia de Tejakula, no norte de Bali, a autora convida os leitores a transformar as "inter-relações de homens e mulheres, seres humanos e terra, seres humanos e divino, divino e terra".

5. Domine a arte da comunicação [pp. 75-86]

O livro *Dialogue in Organisations: Developing Relational Leadership* (2015), da expert em liderança Megan Reitz, da Ashridge Business School, explora como os líderes precisam começar a ter conversas significativas e estabelecer diálogos, em vez de monólogos.

O livro *Os 7 hábitos das pessoas altamente eficazes* (Rio de Janeiro: Bestseller, 2015), publicado em 1987 por Steven Covey, é uma leitura obrigatória, se é que você ainda não o leu. O princípio de "procurar primeiro compreender para então ser compreendido" fará uma diferença tremenda em sua liderança e em sua vida.

6. Defina suas margens [pp. 87-95]

Em seu livro *Setting the Table: The Transforming Power of Hospitality* [Preparando a mesa: O poder transformador da hospitalidade], de 2006, o lendário restaurateur nova-iorquino Danny Meyer compartilha o que foi necessário para criar a premiada cultura corporativa em seus restaurantes e demais negócios. A clareza dos valores inegociáveis da empresa juntamente com o que Danny chama de "pressão constante e suave" são algumas de suas técnicas de liderança preferidas.

Também gostaríamos de recomendar *The Culture Cycle: How to Shape the Unseen Force That Transforms Performance* [O ciclo da cultura: Como moldar a força invisível que transforma o desempenho], de James Heskett.

7. Tomar decisões é um esporte coletivo
[pp. 97-104]

Mencionamos a Zappos como a experiência mais proeminente com a implementação da holacracia. Procure "holacracia Zappos" no Google se quiser acompanhar as últimas informações sobre a transição. Para um mergulho mais fundo nessa narrativa, leia o livro *Holacracy: The New Management System for a Rapidly Changing World* [Holacracia: O novo sistema de gestão para um mundo em mudança rápida], de Brian J. Robertson, publicado em 2015.

Se você um dia for a Copenhague, visite a Freetown Christiania para testemunhar esse fenômeno cultural controverso e talvez refletir sobre como poderia fazer melhor. Se uma viagem à Dinamarca não está nos seus planos, um substituto próximo é o documentário *Christiania: Years of Occupation*, de 2014, dirigido por Richard Jackman e Robert Lawson.

8. Aumente seu apetite por altruísmo [pp. 105-12]

Se você se sente inspirado para aprofundar o estudo do altruísmo, as quase setecentas páginas do livro *A revolução do altruísmo*, de Matthieu Ricard, oferecem um argumento bastante abrangente para o poder do altruísmo.

Em seu TEDX Talk "Como comprar felicidade", em Cambridge, Michael Norton compartilha pesquisas sobre como ser altruístas com nosso dinheiro pode de fato nos fazer felizes.

9. Liderança em meio à crise [pp. 117-27]

Sugerimos uma olhada no livro *Don't Despair: Letters to a Modern Man (Your Best Self)* [Não se desespere: Cartas para um homem moderno (seu melhor eu)], de Matias Dalsgaard, publicado em 2014. O formato de cartas curtas existenciais leva a uma leitura impactante, mas acessível.

10. Seja bem-vinda, incerteza [pp. 129-38]

Se você foi inspirado pela história de Jonathan Fields, dê uma olhada em *Uncertainty: Turning Fear and Doubt into Fuel for Brilliance* [Incerteza: Transformando o medo e a dúvida em combustível para o esplendor]. Pode transformar completamente seu relacionamento com a incerteza.

11. Duplique sua taxa de fracassos [pp. 139-48]

Para uma abordagem positiva e reconfortante do fracasso, sugerimos dar uma olhada em *Failing Forward: Turning Mistakes into Stepping Stones for Success* [Fracasso adiante: Transformando erros em trampolins para o sucesso], de John C. Maxwell.

Ficamos encantados com o capítulo sobre consolação de dificuldades do best-seller *As consolações da filosofia*, de Alain de Botton.

Por fim, o TED Talk de Elizabeth Gilbert "Sucesso, fracasso e a motivação para continuar criando" é obrigatório.

12. Sobre o ego e a força do glamour [pp. 149-59]

No livro *O fator ego: Como o ego pode ser seu maior aliado ou seu maior inimigo*, David Marcum e Steven Smith apresentam argumentos tanto positivos quanto negativos do ego de um líder.

O capítulo sobre a sabedoria que constata a ausência de ego no clássico espiritual *O livro tibetano do viver e do morrer* (São Paulo: Palas Athena, 1999), de Sogyal Rinpoche, fornece uma descrição esclarecedora do ego como uma "identidade falsa e presumidamente ignorante", que se vale de uma imagem improvisada de nós mesmos. Passe algum tempo com esse livro de enorme importância que não apenas serve para aprofundar sua compreensão do ego, mas é um manual útil para a vida e a morte.

Uma bibliografia abrangente está disponível on-line em: www.panmacmillan.com/theschooloflife.

Notas

Introdução [pp. 7-24]

1. Uma definição de "efeito espectador" pode ser encontrada em *Psychology Today*, disponível em: <www.psychologytoday.com/basics/bystander-effect>. Acesso em: 13 ago. 2019.

1. Existe algo com que você se importa de verdade? [pp. 29-39]

1. John Sweeney, "Why Thousands Are Saying 'It's About More Than the Coffee'", *The Huffington Post*, 9, nov. 2014.

2. Pense no corpo [pp. 41-52]

1. Ken Robinson, "Do Schools Kill Creativity?", TED Talk. Disponível em: <www.ted.com/talks/ken_robinson_says_schools_kill_creativity>. Acesso em 13 set. 2019.
2. "Sleep Drives Metabolite Clearance from the Adult Brain", *Science*, 18 out. 2013, v. 342, n. 6156, pp. 373-7. Disponível em: <www.sciencemag.org/content/342/6156/373>. Acesso em: 13 set. 2019.

3. "Recommended Amount of Sleep for a Healthy Adult: A Joint Consensus Statement of the American Academy of Sleep Medicine and the Sleep Research Society", *Sleep*, v. 38, n. 6, 2015.
4. Alain de Botton, *The Consolations of Philosophy*. Londres: Hamish Hamilton, 2000, p. 231. [Ed. bras.: *As consolações da filosofia*. Rio de Janeiro: Rocco, 2013].
5. Citação normalmente atribuída a Stanley Keleman, criador da psicologia formativa.
6. Joe Dispenza, TEDx Tacoma. Disponível em: <www.youtube.com/watch?v=W8iCHn4l4AM>. Acesso em: 13 set. 2019.
7. J. Andrew Armour, *Neurocardiology: Anatomical and Functional Principles*, e-book.
8. Ibid.
9. Michael D. Gershon, *The Second Brain: A Groundbreaking New Understanding of Nervous Disorders of the Stomach and Intestine*. Nova York: Harper, 1998. [Ed. bras.: *O segundo cérebro: Entenda o funcionamento do aparelho digestivo e sua relação com o cérebro*. Rio de Janeiro: Campus Elsevier, 2000.]
10. Bruce Lipton, *Biology of Belief*. Londres: Hay House, 2008, p. 61. [Ed. bras.: *A biologia da crença*. São Paulo: Butterfly, 2007].
11. Rose Eveleth, "There are 37.2 Trillion Cells in Your Body", *Smithsonian*, 24 out. 2013. Disponível em: <www.smithsonianmag.com/smart-news/there-are-372-trillion-cells-in-your-body-4941473/?no-ist>. Acesso em: 13 set. 2019.
12. David R. Hawkins, *Power vs Force: The Hidden Determinants of Human Behaviour*. Londres: Hay House, 2004, p. 214. [Ed. bras.: *Poder vs. força: Os determinantes ocultos do comportamento humano*. São Paulo: Pandora Treinamentos, 2018.]

4. *Incorpore a "ecosofia" à sua liderança* [pp. 63-9]

1. Randolph S. Churchill, *Winston S. Churchill, Youth, 1874-1900*. Londres: Heinemann, 1966, pp. 94-5.
2. Peter M. Senge, Joseph Jaworski, C. Otto Scharmer, Betty Sue Flowers, *Presence: Exploring Profound Change in People, Organizations and Society*. Londres: Nicholas Brealey, 2005, p. 64.
3. Ibid., p. 65.
4. Para aqueles interessados em experimentar uma Deep Time Walk, o professor Nichols recomenda entrar em contato com o Schumacher College (<www.schumachercollege.org.uk>) ou a Global Generation, uma organização com sede em Londres dedicada a expandir a percepção de nossa conexão com o mundo natural (<www.globalgeneration.org.uk>).

5. *Domine a arte da comunicação* [pp. 75-86]

1. Trudi West, *The Challenge of Leading: Insights from the Clipper Round the World Yacht Race*, 2013. Disponível em: <https://www.apm.org.uk/media/45549/clipper-report_full-report_final.pdf>. Acesso em: 13 set. 2019.
2. Barry Johnson, *Polarity Management: Identifying and Managing Unsolvable Problems*. Amherst: HRD, 1992.
3. *Chief Executive Legal Guide*. Disponível em: <www.gibsondunn.com/wp-content/uploads/documents/publications/CEOLegalGuide-White-CollarChapter.pdf>. Acesso em: 13 set. 2019.

6. *Defina suas margens* [pp. 87-95]

1. Bureau of Labor and Statistics, 2013.
2. Susan Befriend, "Will Investors Put the Lid on The Container Store's Generous Wages?", *Bloomberg Businessweek*, 19 fev. 2015. Disponível em: <www.bloomberg.com/news/articles/2015-02-19/container-store-conscious-capitalism-and-the-perils-of-going-public>. Acesso em: 13 set. 2019.
3. John Mackey e Raj Sisodia, *Conscious Capitalism: Liberating the Heroic Spirit of Business*. Boston: Harvard Business Review Press, 2013, p. 232. [Ed. bras.: *Capitalismo consciente: como liberar o espírito heroico dos negócios*. São Paulo: HSM, 2014].

8. *Aumente seu apetite por altruísmo* [pp. 105-12]

1. "Koppel Report: Death of a Dictator", *ABC News*, 2 abr. 1990.
2. Matthieu Ricard, *Altruism: The Power of Compassion to Change the World*. Londres: Atlantic, 2015. [Ed. bras.: *A revolução do altruísmo*. São Paulo: Palas Athena, 2015].
3. Matthieu Ricard, "How to Let Altruism Be Your Guide'", TED Global, 2014. Disponível em: <www.ted.com/talks/matthieu_ricard_how_to_let_altruism_be_your_guide?language=en>. Acesso em: 13 set. 2019.

10. *Seja bem-vinda, incerteza* [pp. 129-38]

1. "Coroner Slams Delay Over Tinnitus Sufferer Who Stabbed Himself to Death", *The Telegraph*, 12 abr. 2012. Disponível em: <www.telegraph.co.uk/news/health/news/9198029/Coroner-slams-delays-over-tinnitus--sufferer-who-stabbed-himself-to-death.html>. Acesso em: 13 set. 2019.
2. Bhante Henepola Gunaratana, *Mindfulness in Plain English*. Somerville: MA: Wisdom, 2002, p. 4). [Ed. bras.: *Atenção plena em linguagem simples*. São Paulo: Gaia, 2017].

11. *Duplique sua taxa de fracassos* [pp. 139-48]

1. Alain de Botton, op. cit., p. 206.
2. Ibid., p. 215.
3. Ibid.

12. *Sobre o ego e a força do glamour* [pp. 149-59]

1. David Marcum e Steven Smith, *Egonomics: What Makes Ego Our Greatest Asset (Or Most Expensive Liability)*. Nova York: Simon & Schuster, 2007. [Ed. bras.: *O fator ego: Como o ego pode ser seu maior aliado ou seu maior inimigo*. Rio de Janeiro: Sextante, 2009].
2. Carl Jung, "Spirit and Life". In: Herbert Read et al. (Org.), *The Collected Works*. Princeton University Press, 1970.
3. Marianne Williamson, *A Return to Love*. Nova York: HarperCollins, 1992. [Ed. bras.: *Um retorno ao amor*. São Paulo: Francis, 2002].

4. Martin Laird, *A Sunlit Absence*. Oxford: Oxford University Press, 2011.
5. Tim Ferriss, *The 4-Hour Body*, "Closing Thoughts: The Trojan Horse". Nova York: Harmony, 2010. [Ed. bras.: *4 horas para o corpo*. Rio de Janeiro: Intrínseca, 2012].

Agradecimentos

Agradecemos aos líderes, empreendedores, líderes do pensamento e autores que compartilharam graciosamente suas histórias: Kaz Brecher, Katherine Collins, Chip Conley, Steve Damos, Uffe Elbæk, Jonathan Fields, James Flaherty, Betty Sue Flowers, R. Ed Freeman, Bo Heimann, Sky Shayne Innes, Claus Meyer, Peter Mellen, Kimbal Musk, Thea Polancic, Susan Salgado, John Sweeney, Kip Tindell, Ocean WhiteHawk e Marc Winn.

Vários diretores e membros do corpo docente da Ashridge Executive Education, uma escola de negócios do Hult International, foram muito generosos com seu tempo, ideias e pesquisas, incluindo: Tanja D. Levine, Vicki Culpin, Megan Reitz, Chris Nichols, Mike Grandinetti, Trudi West e Jim Sintros.

Obrigado também aos nossos editores maravilhosos na Pan Macmillan, Robin Harvie, Zennor Compton, Laura Carr, Cindy Chan e Laura Langlois, e a Morgwn Rimel, da School of Life.

Créditos das imagens

Os autores e editores gostariam de agradecer pela permissão para reproduzir as imagens usadas neste livro:

pp. 14-5: A primeira-dama Nancy Reagan aplaude Leonard Skutnik © AP Photo/Glow Images

p. 18: Bebê de duas semanas/1966 © Mary Evans Picture Library/Easypix Brasil

pp. 36-7: África do Sul, Cidade do Cabo, motociclista sentado numa pedra aproveitando a vista © Westend61

p. 44: René Descartes (1596-1650), ilustração de *Le Plutarque Français* por E. Mennechet, publicada em Paris, 1835 (gravura em cores), Jacquand, Claude (1804-78) (finalização)/Bibliothèque des Arts Décoratifs, Paris, França/Archives Charmet/Bridgeman Images/Fotoarena

p. 54: Wildlife © Alex75/Shutterstock

p. 68: A Terra vista de um milhão de milhas © Nasa

pp. 110-11: Marcha do Alabama de Selma a Montgomery © AP Photo/Glow Images

p. 135: John C. Lilly [e terceira esposa] © John Bryson/The LIFE Images Collection/Getty Images

p. 152: Adestramento de cachorro © Brenda Carson/Shutterstock

Anotações

Se você gostou deste livro e quer ler mais sobre as grandes questões da vida, pode pesquisar sobre os outros livros da série em www.companhiadasletras.com.br

Se você gostaria de explorar ideias para seu dia a dia, THE SCHOOL OF LIFE oferece um programa regular de aulas, fins de semana, sermões seculares e eventos em Londres e em outras cidades do mundo. Visite www.theschooloflife.com

Como viver na era digital
Tom Chatfield

Como pensar mais sobre sexo
Alain de Botton

Como mudar o mundo
John-Paul Flintoff

Como se preocupar menos com dinheiro
John Armstrong

Como manter a mente sã
Philippa Perry

Como encontrar o trabalho da sua vida
Roman Krznaric

Como escolher um parceiro
Susan Quilliam

ESTA OBRA FOI COMPOSTA PELA ABREU'S SYSTEM EM SCALA REGULAR
E IMPRESSA EM OFSETE PELA GRÁFICA PAYM SOBRE PAPEL PÓLEN SOFT
DA SUZANO S.A. PARA A EDITORA SCHWARCZ EM MAIO DE 2021

A marca FSC® é a garantia de que a madeira utilizada na fabricação do papel deste livro provém de florestas que foram gerenciadas de maneira ambientalmente correta, socialmente justa e economicamente viável, além de outras fontes de origem controlada.